军队网络安全和信息化概论

杨清杰　郝　红　马宇峰　主编

国防工业出版社

·北京·

内 容 简 介

本书以习近平主席强军思想为指导，立足军队网络安全和信息化建设全面布局、纵深推进的实际，着眼完善军队网络安全和信息化理论、统一思想认知的根本目的，探索军队网络安全和信息化这一理论和实践问题。全书共六章，第一章以军队网络安全和信息化概念内涵为起点，探索了网络安全和信息化理论的基本问题；第二到四章分别研究了军队网络安全和信息化的建设发展、作战运用和战略管理等一系列理论问题；第五章聚焦对军队网络安全和信息化建设具有重大推动作用的前沿技术和应用场景；第六章针对网信体系建设特点和突出矛盾，围绕转变思维理念、强化创新驱动、优化建设模式、推动一体发展、加快自主可控等提出务实举措。

本书可作为军地相关高校网络安全和信息化领域本科生、研究生、教学科研人员的辅导读物，也可作为网络安全和信息通信行业部门从事相关业务人员的参考用书。

图书在版编目（CIP）数据

军队网络安全和信息化概论 / 杨清杰，郝红，马宇峰主编. -- 北京：国防工业出版社，2025.8. -- ISBN 978-7-118-13787-3

Ⅰ. E2-39

中国国家版本馆 CIP 数据核字第 20257E7M18 号

※

*国防工业出版社*出版发行

（北京市海淀区紫竹院南路 23 号　邮政编码 100048）

北京凌奇印刷有限责任公司印刷

新华书店经售

*

开本 710×1000　1/16　印张 13¼　字数 158 千字

2025 年 8 月第 1 版第 1 次印刷　印数 1—1300 册　定价 78.00 元

（本书如有印装错误，我社负责调换）

国防书店：（010）88540777　　书店传真：（010）88540776

发行业务：（010）88540717　　发行传真：（010）88540762

编 撰 人 员

主　　编　杨清杰　郝　红　马宇峰
副 主 编　丁　锐　马　莉　郑红艳
编写人员　（按姓氏笔画排序）
　　　　　　丁　锐　马　莉　马宇峰　王　铁
　　　　　　石　展　杨清杰　张三虎　周　正
　　　　　　郑红艳　郝　红　阎培儒

前　　言

党的十八大以来，习近平总书记准确把握信息时代的"时"与"势"，站在时代发展和战略全局高度，提出了建设网络强国的宏伟目标，就网络安全和信息化工作提出了一系列原创性的新理念、新思想、新战略，为做好新时代网络安全和信息化工作指明了前进方向，提供了根本遵循。在军事领域，习主席从网络安全和信息化事业发展大势和军队现代化建设全局出发，系统阐释了关于军队网络安全和信息化建设运用的一系列重大理论和实践问题，亲自决策成立网信领导管理机构，调整优化体制机制，加强集中统一领导。

全军深入贯彻习主席一系列重要指示精神，加快推进军队网络安全和信息化建设发展。课题组立足军队网络安全和信息化建设全面布局、纵深推进的实际，着眼完善军队网络安全和信息化理论、统一思想认知、立起指导规范、服务备战打仗，针对网络安全和信息化理论建设与实践发展不同步的问题，按照聚焦基础概念、筑牢理论根基、强化理论研究、反映建设实践的思路，研究撰写本书，力求帮助广大官兵学习贯彻习主席相关重要论述，助力网络安全和信息化工作规范化、标准化建设，广泛宣传网络安全和信息化理念，提高网信素养，推动网络安全和信息化理论体系不断完善发展。

本书共包括六章：第一章绪论，综合分析军队网络安全和信息化的概念内涵，系统梳理军队网络安全和信息化发展历程，阐述其主要任务、根本遵循和地位作用，为构建网信理论体系奠定基础。

第二章军队网络安全和信息化建设发展,在系统分析网络安全和信息化面临的机遇与挑战的基础上,分析军队网信能力需求,提出筹划推进的指导思想和原则,聚焦建设重点,突出重要抓手,为引领军队网信实现跨越式发展提供理论指导。第三章基于网络信息体系的作战运用,构建"侦、控、打、保、评"链路,研究探索侦察预警、指挥控制、攻防行动、作战保障、效能评估等作战行动中基于网络信息体系的作战运用,为加快形成体系支撑提供借鉴。第四章军队网络安全和信息化战略管理,适应军队推进以效能为核心、以精确为导向的军事管理革命,重点探索新时代网络安全和信息化管理体制、管理内容、管理链路和管理方法,为提高网络安全和信息化资源使用效益、提升建设管理效益提供理论借鉴。第五章军队网络安全和信息化前沿技术,重点聚焦对军队建设具有重大推动作用的 5G、区块链、大数据、云计算、物联网、人工智能、大模型、量子信息技术等,阐述技术概念、解析原理,并探索应用场景。第六章军队网络安全和信息化体系推进措施,针对网信体系建设特点和突出矛盾,围绕转变思维理念、强化创新驱动、优化建设模式、推动一体发展、加快自主可控等提出务实举措,为强力推进网信建设实践提供参考。

军队网络安全和信息化实践发展快、领域覆盖广、研究难度大,编者对许多问题的认识还有待深化,加之水平有限,书中难免有许多不完善之处,望读者多提宝贵意见,以便进一步修改完善。

编　者

2024 年 12 月

目　　录

第一章　绪论 ……………………………………………… 1

第一节　军队网络安全和信息化概念内涵 …………… 1

一、军队网络安全和信息化的相关概念 ………… 1

二、军队网络安全和信息化的定义内涵 ………… 5

三、军队网信与其他概念的关系 ………………… 8

第二节　军队网络安全和信息化发展历程 ………… 10

一、信息化建设萌芽起步阶段 …………………… 10

二、信息化建设全面展开阶段 …………………… 11

三、信息化建设加速发展阶段 …………………… 12

四、网信建设同步一体发展阶段 ………………… 13

第三节　军队网络安全和信息化主要任务 ………… 14

一、军队网信任务目标 …………………………… 15

二、推进军队信息化智能化建设 ………………… 15

三、助力军事训练提质增效 ……………………… 17

四、提升军队作战效能 …………………………… 17

五、提高军队管理效益 …………………………… 18

第四节　军队网络安全和信息化根本遵循 ………… 19

一、匡定政治定位 ………………………………… 19

二、把握战争规律 ………………………………… 20

三、延续历史脉络 ………………………………… 20

四、顺应科技趋势 ⋯⋯⋯⋯⋯⋯⋯⋯⋯⋯⋯⋯⋯⋯⋯ 21

第五节　军队网络安全和信息化地位作用 ⋯⋯⋯⋯⋯⋯ 21

一、军队网信是网络强国的重要组成部分 ⋯⋯⋯⋯⋯⋯ 22

二、军队网信是建设一流军队的重要保证 ⋯⋯⋯⋯⋯⋯ 23

三、军队网信是实现"三化"融合的关键环节 ⋯⋯⋯⋯ 23

四、军队网信是打赢信息化战争的核心支撑 ⋯⋯⋯⋯⋯ 24

第二章　军队网络安全和信息化建设发展 ⋯⋯⋯⋯⋯⋯⋯⋯ 26

第一节　军队网络安全和信息化建设要求和机遇 ⋯⋯⋯ 26

一、军队网络安全和信息化建设要求 ⋯⋯⋯⋯⋯⋯⋯⋯ 26

二、军队网络安全和信息化建设机遇 ⋯⋯⋯⋯⋯⋯⋯⋯ 29

第二节　军队网络安全和信息化建设能力需求 ⋯⋯⋯⋯ 31

一、基础支撑能力 ⋯⋯⋯⋯⋯⋯⋯⋯⋯⋯⋯⋯⋯⋯⋯ 31

二、侦察预警能力 ⋯⋯⋯⋯⋯⋯⋯⋯⋯⋯⋯⋯⋯⋯⋯ 33

三、指挥控制能力 ⋯⋯⋯⋯⋯⋯⋯⋯⋯⋯⋯⋯⋯⋯⋯ 34

四、精确打击能力 ⋯⋯⋯⋯⋯⋯⋯⋯⋯⋯⋯⋯⋯⋯⋯ 35

五、网络攻防能力 ⋯⋯⋯⋯⋯⋯⋯⋯⋯⋯⋯⋯⋯⋯⋯ 37

六、综合保障能力 ⋯⋯⋯⋯⋯⋯⋯⋯⋯⋯⋯⋯⋯⋯⋯ 39

七、协同管理能力 ⋯⋯⋯⋯⋯⋯⋯⋯⋯⋯⋯⋯⋯⋯⋯ 41

第三节　军队网络安全和信息化建设指导 ⋯⋯⋯⋯⋯⋯ 42

一、指导思想 ⋯⋯⋯⋯⋯⋯⋯⋯⋯⋯⋯⋯⋯⋯⋯⋯⋯ 43

二、建设原则 ⋯⋯⋯⋯⋯⋯⋯⋯⋯⋯⋯⋯⋯⋯⋯⋯⋯ 45

第四节　军队网络安全和信息化建设重点 ⋯⋯⋯⋯⋯⋯ 48

一、构建天地一体信息基础网络 ⋯⋯⋯⋯⋯⋯⋯⋯⋯⋯ 48

二、打造联合信息共享环境 ⋯⋯⋯⋯⋯⋯⋯⋯⋯⋯⋯⋯ 49

三、建设松绑解耦的节点要素 ⋯⋯⋯⋯⋯⋯⋯⋯⋯⋯⋯ 51

四、筑牢安全保密防线 ⋯⋯⋯⋯⋯⋯⋯⋯⋯⋯⋯⋯⋯⋯ 53

　　五、塑造向强向好的生态环境 ……………………………… 54

第五节　军队网络安全和信息化建设主要抓手 ………… 56

　　一、网络信息体系的本质内涵 …………………………… 57

　　二、网络信息体系的能力特征 …………………………… 59

　　三、网络信息体系的作用机理 …………………………… 61

第三章　基于网络信息体系的作战运用 ……………………… 64

第一节　赋能联合侦察预警 ……………………………… 64

　　一、联合侦察监视 ………………………………………… 65

　　二、联合预警探测 ………………………………………… 66

第二节　赋能联合指挥控制 ……………………………… 68

　　一、同步作战筹划 ………………………………………… 68

　　二、实时指挥控制 ………………………………………… 69

　　三、高效跨域协同 ………………………………………… 71

第三节　赋能联合攻防行动 ……………………………… 73

　　一、精确火力打击 ………………………………………… 73

　　二、综合信息对抗 ………………………………………… 75

　　三、多维兵力攻防 ………………………………………… 76

第四节　赋能联合作战保障 ……………………………… 78

　　一、精确测算保障需求 …………………………………… 79

　　二、精确调配保障资源 …………………………………… 80

　　三、精细组织保障行动 …………………………………… 80

第五节　赋能联合作战评估 ……………………………… 82

　　一、网聚融合作战数据 …………………………………… 82

　　二、实时精准综合评估 …………………………………… 84

　　三、快速智能辅助决策 …………………………………… 85

第四章 军队网络安全和信息化战略管理 …………………… 88

第一节 网络安全和信息化管理体制沿革 …………………… 88

一、以信息化领导小组为核心的战略管理体制 ………… 89

二、以网信领导小组为核心的战略管理体制 …………… 90

三、以网信委为核心的战略管理体制 …………………… 90

第二节 军队网络安全和信息化管理内容 …………………… 91

一、军队网信基础设施管理 ……………………………… 91

二、应用信息系统管理 …………………………………… 92

三、军事设施信息化管理 ………………………………… 93

四、数据资源管理 ………………………………………… 94

五、服务内容管理 ………………………………………… 95

六、安全保密管理 ………………………………………… 97

七、军队网信生态环境管理 ……………………………… 99

第三节 军队网络安全和信息化管理链路 ………………… 102

一、军队网信建设需求 ………………………………… 102

二、军队网信建设规划 ………………………………… 104

三、军队网信建设执行 ………………………………… 106

四、军队网信建设规划评估 …………………………… 107

第四节 军队网络安全和信息化管理方法 ………………… 109

一、全局统筹法 ………………………………………… 110

二、项目管理法 ………………………………………… 111

三、体系结构方法 ……………………………………… 114

第五章 军队网络安全和信息化前沿技术 …………… 120

第一节 5G ………………………………………………… 120

一、5G 的基本概念 ……………………………………… 120

二、5G 的关键技术 ……………………………………… 122

三、5G 的应用 ·· 122

第二节　区块链 ·· 123

一、区块链概念 ·· 124

二、区块链的关键技术 ····································· 125

三、区块链的应用 ·· 127

第三节　大数据 ·· 128

一、大数据的概念 ·· 128

二、大数据的关键技术 ····································· 129

三、大数据的应用 ·· 130

第四节　云计算 ·· 132

一、云计算的概念 ·· 132

二、云计算的关键技术 ····································· 133

三、云计算的应用 ·· 135

第五节　物联网 ·· 136

一、物联网的概念 ·· 136

二、物联网的关键技术 ····································· 137

三、物联网的应用 ·· 139

第六节　人工智能 ··· 140

一、人工智能的概念 ······································· 141

二、人工智能的关键技术 ·································· 141

三、人工智能的应用 ······································· 145

第七节　大模型 ·· 147

一、大模型的概念 ·· 148

二、大模型的技术原理 ····································· 148

三、大模型的应用 ·· 149

第八节　量子信息 ··· 150

一、量子信息的概念 ······································· 151

    二、量子信息的原理 ·· 152

    三、量子信息的应用 ·· 153

第六章　军队网络安全和信息化体系推进措施·············· 156

  第一节　转变思维理念 ·· 156

    一、树立科技思维理念 ·· 156

    二、升级体系思维理念 ·· 158

    三、培育创新思维理念 ·· 161

  第二节　强化创新驱动 ·· 163

    一、创新完善军队网信工作统筹模式 ····························· 163

    二、网信总体架构迭代演进 ·· 166

    三、网信技术应用试验验证 ·· 169

  第三节　优化建设模式 ·· 172

    一、军事需求主导 ·· 172

    二、指技融合推进 ·· 175

    三、实践运用反馈 ·· 177

    四、强化战略管理 ·· 179

  第四节　推动一体发展 ·· 182

    一、一体设计 ·· 182

    二、一体建设 ·· 186

    三、一体运用 ·· 188

  第五节　加快自主可控 ·· 191

    一、核心技术自主可控 ·· 191

    二、研制生产自主可控 ·· 193

    三、应用系统自主可控 ·· 196

参考文献 ·· 199

第一章 绪 论

习近平主席指出，"网络安全和信息化是事关国家安全和国家发展、事关广大人民群众工作生活的重大战略问题。"国家和军队颁布的一系列网络安全和信息化顶层设计文件为网信发展进行了新部署，提出了新要求。"知之愈明，则行之愈笃"，研究军队网络安全和信息化的概念内涵、发展历程、主要任务、根本遵循和地位作用，推动其高质量发展，是新发展阶段的必然要求，也是一项重要而紧迫的任务。

第一节 军队网络安全和信息化概念内涵

概念是反映思维对象特有属性及其范围的思维形式。从"信息化"到"网络安全和信息化"，概念的演进反映深刻的时代内涵。由于考虑问题的视角和方法不同，网络安全和信息化概念不尽一致。当前军队全面进入机械化信息化智能化融合发展阶段，搞清楚基本问题，有助于我们理清思维的逻辑起点，在一致的语境语义中协调活动、统一步调。

一、军队网络安全和信息化的相关概念

军队网络安全和信息化（简称"军队网信"）是从军队信息化

发源，在军事实践中产生、丰富与发展，要准确定义军队网信的概念，必须在认识相关概念的基础上准确界定。

（一）信息化

信息化源起信息技术。从 20 世纪 60 年代开始，信息技术飞速发展与广泛应用，社会开始进入信息化。《2006—2020 年国家信息化发展战略》从宏观层面明确了信息化的定义，"即充分利用信息技术，开发利用信息资源，促进信息交流和知识共享，提高经济增长质量，推动经济社会发展转型的历史进程。"对信息化的认识要把握两个方面：一是广泛应用现代信息技术；二是充分开发与有效利用信息资源。信息化突出的是一个"化"字，即过程，是指事物从原有状态走向新状态的过程。由此，信息化既表示信息技术在人类社会发展中被广泛应用的程度，又表示信息的作用越来越大，逐渐由辅助要素上升为主导人类社会发展的战略资源的进程。

军队信息化是信息化在军事领域的拓展，是在军队建设的各个领域广泛应用现代信息技术，发展改造武器装备，开发利用信息资源，聚合重组军队要素，提高体系作战能力，推进军队变革发展的目标、要求及其相应活动和过程的统称。可见军队信息化的内涵和国家信息化一脉相承，如广泛应用现代信息技术、开发利用信息资源。此外，军队信息化又有在军事领域的特殊性，如发展改造武器装备、聚合重组军队要素这些内容，目的是提高体系作战能力、推进军队变革发展等。

（二）网络安全

网络安全伴随信息化而生。首先是信息安全问题初步显现。信息安全是指信息在采集、加工、传播、使用、存储等环节中不被干扰、破坏或窃取，信息合法拥有者可正常使用的状态。当世界进入互联网时代，信息安全问题越来越多地表现为网络安全问题。2017 年开始实施的《中华人民共和国网络安全法》对网络安全的定义是，通过采取必要措施防范对网络的攻击、侵入、干扰、破坏和非法使用以及意外事故，使网络处于稳定可靠的运行状态，以及保障网络数据的完整性、保密性、可用性的能力。从本质上来讲，网络安全就是网络空间的信息安全。从领域上来看，凡是涉及网络空间信息的保密性、完整性、可用性、真实性和可控性的相关技术和理论都是网络安全的研究领域。

网安则天下安，网失则失天下。近年来，从美国"棱镜门"到涉及俄乌战争的"泄密门"，从美国国家安全局对我国西北工业大学的网络攻击，到美国情报机构对武汉市应急管理局地震监测中心的网络攻击等，网络安全事件频发，网络攻击已经成为他国窃取我重要信息的最低成本路径，网络空间已经成为"陆海空天"之外的"第五疆域"，成为各国意识形态斗争、经济扩展和网络攻防的主战场。早在 2013 年习主席就指出，"网络和信息安全牵涉到国家安全和社会稳定，是我们面临的新的综合性挑战。"中央网信办的设立和《中华人民共和国网络安全法》的颁布实施，昭示着网络安全已经成为国家战略。网络安全概念的内涵和外延不断扩展，网络安全不再局限于传统定义的信息网络、操作系统、数据库和软件程序的安全，而是将其防护对象扩展到组成我国经济社会生活的各类网络基础设施和其承载的各类信息系统。

（三）网络安全和信息化

没有网络安全就没有国家安全，没有信息化就没有现代化，网络安全已成为我们必须面对和解决的重大安全课题。2014 年习主席在中央网络安全和信息化领导小组第一次会议上强调"网络安全和信息化是一体之两翼、驱动之双轮,必须统一谋划、统一部署、统一实施,做到协调一致、齐头并进"。这是首次提出"网络安全和信息化"的表述,简称为"网信"。将网络安全和信息化概念合二为一,是具有特殊政治蕴含和鲜明中国特色的时代选择。军队也成立了相应的领导机构,首次使用"军队网络安全和信息化"表述,简称军队网信。这既是承接国家网信整体概念,也是加快推动军队信息化发展、打赢信息化战争的必然要求。此后,军队进一步从组织层面明确了网络安全和信息化一体发展、整体谋划的决策部署。理解网络安全和信息化要从以下几个方面把握:

(1)网络安全和信息化是安全和发展问题在网络和信息领域的具体体现。对于安全和发展问题,习主席指出:"网络安全和信息化是相辅相成的,安全是发展的前提,发展是安全的保障,安全和发展要同步推进。"

(2)网络安全和信息化辩证统一。一方面,网络安全是信息化的前提和基础。网络安全是国家安全的基石,没有网络安全,国家安全就难以保障。没有网络安全的保障,信息化不能长久。没有网络安全,信息化发展得越快,造成的危害可能就越大。强化网络安全是稳固国防、强军兴军的重要保证。建设网络强国、数字中国,军队网信必须将网络安全提升到前所未有的高度。另一方面,信息化是网络安全的重要保证。网络安全也要靠信息化建设来实现。当前网络领域的斗争日趋激烈,网络安全技术发展日新月异,破解网络安全难题、防范化解各类风险隐患也要靠信息技术推动和体制机制创新。没有先进的技术工具和方法手段,没有稳定的专家队伍,网络安全就成为一纸空话,就无法构建网络安全屏障,安全就成为脆弱的、不可持续的安全。

(3)网络安全和信息化不是将"网络安全"和"信息化"的简

单拼接，其整体概念内涵远超过两个概念的简单组合，是对原有网络安全和信息化的深度融合和创新，产生"1+1＞2"的效果。可以这样理解，虽然网络安全和信息化各有其独立含义，但网信中网络安全和信息化不可分割，"网络安全和信息化"是一个整体概念，具有其新的属性。单独用"网络安全"，或单独用"信息化"，都不能代表"网络安全和信息化"的概念内涵。

（四）网络信息体系

网络信息体系是结合军队信息化建设发展实情、战争形态向信息化转型、战场进入发现即摧毁的"秒杀"时代，提出的具有前瞻性、引领性、驱动性、全局性作用的重大创新概念。网络信息体系是信息化作战体系的基本形态。形态是指事物存在的样貌，或在一定条件下的表现形式。信息化作战体系是适应信息化战争发展规律的、在信息化条件下作战体系的样貌或表现形式。其核心是运用信息技术的渗透性和联通性，融合各种作战力量、作战单元、作战要素构成的有机整体。习主席对网络信息体系的重大意义、地位作用、形态特征、建设要求、作战运用等问题作出了全面系统阐述。认识理解网络信息体系，是一个不断深化认知的过程，也是一个不断理清其内涵的过程，更是一个不断清晰其地位作用的过程。总体来看，网络信息体系的地位作用是打赢信息化战争的核心支撑，其重要地位不容置疑。

二、军队网络安全和信息化的定义内涵

军队网信是网络安全和信息化在军事领域的拓展，是对军队网信这一事物本质特征的高度概括和科学凝练，具有鲜明的时代特征和军队特色。

（一）对军队网络安全和信息化的定义

概念是反映事物本质属性的思维产物，是不断演进发展的。一方面，思维对象本身是变化的。所谓思维对象，是指人类认识活动中的一切认知对象，军队网信的思维对象是军队网信领域的一切事物。从 20 世纪六七十年代至今，网信发展经历了从萌芽、全面发展、加速发展到一体发展的阶段，随着党的二十大、国家"十四五"规划中对"三化"融合进行新的部署，其范围属性又有了新的拓展。另一方面，思维主体对网信的认识也随着实践的发展而逐步深入，对网信领域的矛盾问题和主要抓手有了准确把握。考虑到以上因素，军队网信的概念应符合时代要求和军队建设的实践情况，赋予其新的含义：在军队各个领域广泛运用现代信息技术，打造网络信息体系，维护保障网络安全，创新军队建设管理和作战运用方式，推进军队转型发展，提高基于网络信息体系的联合作战能力、全域作战能力的目标、要求及其相应活动和过程的统称。由此可知，军队网信的内涵源于军队信息化，即广泛运用信息技术、发展改造武器装备、聚合重组军队要素，但其特有属性是广泛运用现代信息技术，打造网络信息体系，维护保障网络安全，创新军队建设管理和作战运用方式，是对原有概念的继承和发展。

（二）军队网络安全和信息化的内涵

军队网信的内涵十分丰富，几乎涉及军队网络安全和信息化建设管理的方方面面。界定内涵要抓住其本质特征，界定军队网信概念的内涵要重点把握以下内容：

（1）军队网信的根本动力是信息技术。军事需求是牵引力，信息技术是推动力，在两者的共同作用下军队网信建设持续蓬勃发展。随着全球科技创新进入空前密集活跃期，以物联网、5G、云计算、大数据、人工智能、区块链等为代表的新一代信息技术呈现群体性爆发式发展，不仅开辟了提升武器装备性能的全新途径，而且创新了技术向战斗力转化的模式，成为军队网信发展的加速引擎。

（2）军队网信的重要抓手是打造军队网络信息体系。军队网络信息体系是推进军队网信建设的"巨型工程"，是网络安全和信息化在当前历史时期的具象化表现，是推进网络安全和信息化建设进程的切入点和突破点。集合网信领域最新科技成果，按计划稳步推进军队网络信息体系建设，是当前提升军队网信质量效益的着力点。

（3）军队网信的核心工作是创新军队建设管理和作战运用方式，推进军队转型发展。军队建设正处于转型的关键期，在练兵备战、军事治理、新域新质人才培养等方面都面临巨大挑战。越是伟大的事业，越需要开拓创新。军队网信是最具有创新活力的领域，通过技术引领，创新战法训法、建设管理方式、培养模式，把创新思维、创新理论、创新方法等落到实处，切实推动军队全面发展。

（4）军队网信的目的指向是提高基于网络信息体系的联合作战能力、全域作战能力。军队是要备战打仗的，"为战"是准绳、是目的。战场打不赢，一切等于零。要树立聚焦实战的高质量发展这一重大主题，全面部署军队网信建设战略任务和重大工程，抓紧补强制约备战打仗的短板弱项，聚力提高应对信息化、智能化战争的联合作战能力、全域作战能力。

（三）把握军队网信内涵的重大意义

习主席亲自决策成立军队网信领导机构，加强网信工作集中统一领导，健全完善网信管理体系，推动网信进入加速发展新阶段。习主席围绕军队网络安全和信息化提出的一系列新思想、新观点和新论断，为军队网信事业发展提供了根本遵循。习主席关于军队网络安全和信息化的重要论述，既是习近平强军思想"网信篇"，也是习近平总书记关于网络强国的重要思想"军事篇"。网信工作是政治性很强的专业领域，必须要原原本本、深入系统学习习主席关于军队网络安全和信息化重要论述精神，深刻理解思想脉络、内容要义、丰富内涵，学懂弄通蕴含其中的立场、观点、方法。网信工作融合渗透军队建设各领域全过程，是国防和军队现代化的重要标志，是军队机械化、信息化、智能化"三化"融合发展的实践载体，要站在落实网络强国战略部署的高度、站在信息化发展大势和军队现代化建设的全局来把握推进军队网信工作。网信事业代表着新的生产力和新的发展方向，要在践行新发展理念上先行一步，以网信培育军事新动能，用新动能推动军队建设新发展，统一全军网信强军理念认知，扭转机械化思维抓建模式，树牢信息化、智能化作战思想，加强网信建设运用统筹，加快推动军队网信事业高质量发展。

三、军队网信与其他概念的关系

"没有网络安全就没有国家安全，没有信息化没有现代化。"网络安全和信息化是军队现代化建设的时代主题。辨方位以正则，从军队网信和网络信息体系之间、军队网信和国家网信之间辨析其定位和关系，对增强军队网信建设的自觉性、方向性至关重要。

（一）军队网信与网络信息体系的关系

网络信息体系是军队网信的表现形态和重要抓手。对于网信和网络信息体系的关系，习主席指出，"要以军事斗争准备为龙头带动信息化建设加速发展，以网络信息体系为抓手，推动军队信息化建设实现跨越式发展。"这一重要论述，既揭示了信息化的形态本质，又拎起了可感可触的推进抓手，更扭住了军队"三化"融合发展的中心枢纽，是新时代军队网信建设运用理论和实践的重大创新，为我们做好新时代军队网信工作指明了前进方向、提供了根本遵循。可以这样来理解，网络信息体系是军队网信建设的重要组成部分，是"三化"融合发展的实践载体，也是当前的重要任务。贯彻习主席重要论述，必须牢牢把握任务抓手，遵循军队网信建设发展规律，集合网信领域最新科技成果，统筹推进军队网络信息体系建设运用，加快推动军队"三化"融合发展，为实现国防和军队现代化新"三步走"战略目标提供有力支撑。

同时也应充分认识到，军队网信建设是一项长期的、跨越时代的复杂活动，是不断演进和发展变化的。军队发展从机械化到信息化再到智能化，在不同时期建设抓手都有所不同，找到抓手就是找到当时问题的主要矛盾和矛盾的主要方面，从而更准确地解决问题，这也正是军队建设始终勃勃生机的力量源泉。从长远发展来看，信息化战争演变为智能化战争，智能化网络信息体系也将出现。军队网信要立足于长远发展，在建设网络信息体系的同时，还要同步搞好各军种全领域各层次网信建设，为未来的发展演进提供良好的网信环境和条件，为孕育新的作战形态提供沃土。

（二）军队网信与国家网信的关系

军队网信和国家网信是局部与整体的关系。一方面，军队网信是国家网信的重要组成部分，军队网信是网络安全和信息化在军事领域的延伸和拓展。国家网信建设的速度和质量，从根本上决定着军队网信建设的整体进展水平。军队网信建设要大胆利用国家网信建设的成功经验和既有成果，实现军地协作共享现有成果，发挥国家网信的重要依托和支撑作用。另一方面，军队网信对国家网信具有推动作用。辩证唯物主义关于局部与整体的关系中明确，局部受整体的影响与制约，但局部对整体同样存在反作用，科学利用这一反作用可改变事物整体的状态。由于军队网信的特殊性，军队网信建设要摆脱等、靠、要思想，要主动进取，积极作为，围绕备战打仗的使命任务，创造军队网信的"撒手锏"和"高精尖"，努力缩小与其他发达国家军队建设的差距。通过关键技术和技术体制创新，把军事需求和国家资源结合起来，最大限度地优势互补，使军队网信和国家网信同步推进，跨越式发展。

第二节　军队网络安全和信息化发展历程

军队网信前身是军队信息化，已经走过了 70 年的发展历程，但是对于军队信息化建设发展阶段，却有着不同的认识，尚未形成公认的划分阶段。对军队信息化建设发展历程进行科学划分，对于准确认识和把握其发展特征和规律、统一全军思想均具有重要意义。目前，从工作和研究出发，按照不同的视角有多种划分方法。由于军队信息化建设覆盖众多领域，受多种因素影响，对其发展阶段进行划分，要站在国防和军队建设全局高度，按照与国防和军队建设一致、与党中央决策部署保持一致、与信息化建设实际保持一致的划分原则和方法，系统梳理把握发展脉络，按照这一思路，将军队信息化建设发展划分为信息化建设萌芽起步阶段、全面展开阶段、加速发展阶段、同步一体发展阶段等四个阶段。

一、信息化建设萌芽起步阶段

信息化建设萌芽起步阶段是从 20 世纪五六十年代至 21 世纪初。军队信息化建设从最初的电子信息技术应用开始，经历了较长的发展历程。首先，20 世纪五六十年代开展的一些国防工程建设，已初具信息化的技术特征。如周总理于 1959 年 11 月批准的半自动化防空指挥系统建设，在这个项目中，研制成功我国第一台晶体管数字计算机，建成第一套雷达情报半自动化传递处理系统。根据毛主席指示开展的导弹防御系统和反卫星作战系统建设，使我国成为世界上第三个拥有超远程跟踪大型雷达的国家。20 世纪 70 年代末的战略指挥网工程，在作战指挥领域率先启动了全军性信息化重大工程建设。这一时期，主要是面向具体作战应用的单功能系统，利用信息技术提高文电的传递能力，功能相对单一，结构上呈现出单点式特征。同时，相应建立的领导管理体制，主要服务于专项工程，侧重于具体事务的组织协调。其次，20 世纪 80 年代，建设面向特定任务的多功能系统。以网络、数据库等为主体各军种面向特定任务建设指挥控制系统，结构上呈现出单一军种或单一要素纵向上的线状特征，主要运用技术手段替代手工、提高指挥作业的自动化处理水平，但各系统相对独立运行，互联互通能力较弱。

二、信息化建设全面展开阶段

信息化建设全面发展的起始阶段是从 2000 年至 2008 年。2000 年，江泽民同志指出，全军同志都要适应军事斗争准备基点的转变，推动中国特色军事变革深入发展，实现建设信息化军队、打赢信息化战争的战略目标。2002 年，又进一步强调，我们已经提出了新世纪国防和军队现代化建设"三步走"战略构想，并明确军队现代化建设要完成机械化和信息化的双重历史任务。现在，我们可以进一步提出"三步走"战略构想所确定的目标，就是在 21 世纪的前 50 年逐步实现国防和军队信息化。在党中央、中央军委的科学决策和正确领导下，启动并全面推进军队信息化建设，逐步从专项工程推向综合业务，从单系统单领域转向成体系成规模推进，走出一条独具特色的创新发展之路。

进入 21 世纪，党中央在深刻认识信息化战争形态演进趋势的基础上，军队开始全面布局和整体推进军队信息化建设，制定颁布有关军队信息化建设规划，建立起贯通全军的信息化领导管理、咨询机构，根据军事斗争准备需要建设一体化指挥信息系统，发展信息化程度较高的新型舰艇、飞机、导弹以及火炮、坦克、步战车等主战武器并陆续装备部队，建成了广域覆盖、多业务承载的信息基础设施，建设应用数据链系统，制定颁发有关军队信息化标准规范等信息化法规，开展军队各类重大项目建设，逐步展开信息化条件下军事训练、体制编制调整等工作。经过多年建设，军队信息化建设领导管理体系、工作运行机制和标准规范初步建立，指挥自动化系统有了长足发展，主战武器系统信息技术含量有所提高，信息作战力量初具规模，信息基础设施进一步完善，培养了一批信息化建设人才，日常业务信息系统得到普遍应用，信息化理论研究逐步深入，信息化建设取得显著进展，为信息化加速发展奠定了基础。

三、信息化建设加速发展阶段

信息化建设加速发展阶段是从 2008 年至 2012 年。在 2008 年底，胡锦涛同志在军委扩大会议上首次提出"加快推进信息化建设，进一步提高军队信息化水平"的重大命题。2010 年又作出了"今后一个时期军队信息化建设将进入一个加速发展的新阶段"的重大战略判断。2011 年底军委扩大会议上，胡锦涛同志又进一步对推动信息化建设加速发展作出战略部署。党的十八大报告继承了胡锦涛同志的思想，明确指出："坚定不移把信息化作为军队现代化建设发展方向，推动信息化建设加速发展"。党中央的决策部署，引领军队信息化建设进入加速发展阶段，从根本上讲就是要在已有的基础上，通过加速发展保证和实现战斗力生成模式加快转变，进一步促进信息化建设成果向实战能力转化。

这一阶段，先后制定颁布了一系列顶层规划，围绕新兴领域制定了军队信息资源开发利用、军队信息安全保障、军事电磁频谱规划等指导性文件，建立和完善军队信息化领导机构和咨询机构，研发新型武器装备，建设新一代信息基础设施，制定颁发多部法规。经过多年努力，军队信息化建设领导管理体系、工作运行机制和标准规范初步建立，指挥信息系统有了长足发展，主战武器系统信息技术含量有所提高，信息作战能力持续提升，信息基础设施进一步完善，培养了一批信息化建设人才，日常业务信息系统得到普遍应用，信息化理论研究逐步深入，信息化建设取得显著进展。总的来看，信息化建设加速发展阶段，在发展思路上，从"摸着石头过河"的先行探索到厘清概念、凝聚共识，有了清晰的理论指引；在建设重点上，从"缺什么补什么"的急用先建到全面统筹、整体布局，各领域都具备了较好的发展基础；在技术运用上，从"照着学套着用"的模仿跟进到消化吸收、特色发展，鲜明确立了自主创新的战略基点；在建设管理上，从"建围子推围子"的周而复始到有方向路线指引、有规划计划约束，形成了战略设计实施评估的完整体系。

四、网信建设同步一体发展阶段

网络安全和信息化建设同步一体发展阶段是从党的十八大开始至今。习主席敏锐洞察国际战略格局深刻演变和世界新军事革命发展趋势，站在时代发展和战略全局高度，亲自筹划设计党政军各领域建设，提出了建设网络强国的宏伟目标和一系列极富创造性的新思想、新观点、新论断、新要求，科学阐述了新形势下我国信息化工作方向性、全局性、根本性的重大问题。习主席指出，要坚定不移把信息化作为军队现代化建设发展方向，贯彻体系建设思想，推动信息化建设加速发展。

进入新时代，党中央作出推进军队现代化并把信息化作为军队现代化建设发展方向的重大决策部署，同时指明要以网络信息体系为抓手推动军队信息化建设实现跨越式发展。这一时期，习主席指出，"网络和信息安全牵涉到国家安全和社会稳定，是我们面临的新的综合性挑战。"在中央网络安全和信息化领导小组第一次会议上提出"网络安全和信息化是'一体之两翼、驱动之双轮'，必须统一谋划、统一部署、统一推进"的指示要求，至此网络安全和信息化建设同步一体。军队在深化国防军队改革的基础上，大力推进网络安全和信息化整体建设，深入开展网信事业各类项目建设发展。与国家网信建设同步，制定实施"十三五"规划，重塑军队网络安全和信息化管理体制，组建各层级网信领导管理机构。随着党的十九大、二十大的召开，各级正在按照党中央指示精神和新时代军事战略方针要求，根据既定目标任务，通过建设模式、建设重点的转变和调整，大力推进军队战斗力生成模式的根本转变，着力形成和提高基于网络信息体系的联合作战和全域作战能力。

第三节　军队网络安全和信息化主要任务

军队网络安全和信息化涉及军队方方面面，确定军队网信建设的主要任务，一方面要考虑军队网信的整体性和全局性，防止缺漏；另一方面也不能把军队网信过于泛化，将军队所有领域的建设内容都纳入军队网信的框架中，而应该聚焦信息这个基本内核，始终围绕发挥信息技术对军队建设的推动作用，牢牢把握用网信思维贯通于军队建设全领域全过程，以此来界定军队网信的主要任务。

一、军队网信任务目标

军队网信建设的总目标是提高基于网络信息体系的联合作战能力、全域作战能力。在这个总目标的指引下，充分利用信息技术，对军队建设、军事训练、作战运用和军事管理进行变革，紧紧围绕建体系、强体系、用体系擘画军事体系转型重塑。一是重塑作战指挥体系。以信息主导、智能控制、协同联动为着眼点，推进作战指挥观念、指挥手段、指挥机构、指挥方式等向基于网络信息体系的联合作战指挥体系转变。二是重塑军事训练体系。以能力融合、全域联合、虚实结合为着眼点，推进军事训练理念、训练体系、训练内容、训练方法手段等向基于网络信息体系的能力快速生成的军事训练体系转变。三是重塑武器装备体系。持续提升武器装备数字化、网络化、智能化水平，实现武器装备广域互联、信息共享，以及应用系统的服务化构建和快速演进，建成以网络聚能、跨域联合、全维一体为显著特征的现代化装备体系和敏捷强韧的装备战时保障体系。四是重塑联合力量体系，以模块化、敏捷化、适配性为着眼点，推进力量体系的规模构成、结构布局、体制编成向联合跨域力量体系转变。五是重塑管理保障体系，通过大数据、云计算等新理论、新概念、新技术，使军队的"战、训、备、管""衣、食、住、行""德、智、体、能"产生深刻变化，重塑管理保障体系。

二、推进军队信息化智能化建设

军队正进入机械化信息化智能化融合发展阶段，智能化是方向，也是体系智慧的源泉，是军队网络安全和信息化综合能力的倍增器。因此，军队网信建设应在夯实信息化的基础上，下大力强化智能化建设。习主席"加快军事智能化发展"的指示，为军队网信建设指明了方向。智能化是指运用人工智能技术大幅提升体系自组织、自协同、自演进能力和资源调度、管理、使用效率，逐步提高观察、判断、决策、行动的精准性、实时性、自主性，形成支撑作战指挥和部队行动新质能力的过程和状态。军事智能化建设是充分利用人工智能等先进技术，实现武器装备的智能化升级改造，为适应智能化日益凸显的现代战争主动设计。推进军队智能化建设主要完成五个方面的任务：

（1）推进指挥控制智能化建设。指挥控制智能化是军事智能化的核心，面向复杂多变的战场环境，综合提升态势判断和规划决策的速度和精度。

（2）推进大数据智能建设。大数据智能是军事智能化的基础。通过大数据情报的智能处理和深度挖掘，实现情报到作战的"直通车"。

（3）推进无人系统智能化建设。无人系统智能是军事智能化的制高点。无人智能建设的目标是形成有人无人的体系作战能力。

（4）推进网电空间智能化建设。网电空间智能对抗是军事智能化的新疆域，应着力提升网电空间对抗能力，加强自主网电攻防与认知电子战建设。

（5）推进认知域智能化建设。认知域是军事智能化的新战场，近几场局部战争与冲突充分验证了认知域智能的重要影响。推进认知域智能化建设也成为国家间"心战"的必争之地。综合来看，着眼智能化作战全新特点和关键要求，按照现代作战基本进程和规律，着力提升以智塑势、以智控权、以智制敌、以智增效等智能化战争核心能力，加快形成满足现代战争要求的智能化作战优势是军队网信当前的中心任务。

三、助力军事训练提质增效

军事训练是未来战争的预演。以移动互联网、智能终端、大数据、云计算等为代表的新一代信息技术的创新发展和转化运用水平持续提高，为实战实训、联战联训、科技强训、依法治训提供了模拟化、网络化、对抗性手段，成为提升军事训练质量效益和打赢能力的重要基础和关键保障。网络安全和信息化建设的重要任务就是推进军事训练转型。坚持从实战出发、创新实战化训练主要包含以下任务：

（1）创新军事训练内容。着眼网信领域前沿技术对作战产生的新变化，前瞻预测作战发展趋势，调整创新军事训练内容。挖掘新域新质力量运用训练内容，加强人机协同及能力训练。

（2）改革军事训练方法。加快探索战斗力生成的网信驱动模式，创新形成基于网络信息体系的训练模式和训练方法手段，满足实战需求。加强训练数据的开发与利用，实现训练感知多维化、训练控制全程化、训练预测精确化、训练思维系统化。

（3）打造军事训练条件体系。建设"科技+""网络+""网云+"的训练条件体系，运用多种方式，如基于虚拟建模技术构建交互式战场环境、基于仿真技术构建快速反应模拟训练系统、基于物联网要素构建可视化训练管理平台等提升训练的质量效益。

四、提升军队作战效能

从一般意义上来说，作战效能是考虑到部队编制、作战原则、战术、生存性、易损性和威胁等因素在系统作战使用所计划或预期的环境下，由相应人员使用时，系统完成任务情况的总体度量。由这个概念出发，军队作战效能就是军事指挥人员在特定的作战环境下，运用作战体系完成任务情况的总体度量。提升作战效能要从两个方面考虑：一方面要提升军事指挥人员的能力水平。网络安全和信息化领域的人才培养是作战能力生成的决定性环节，在构成作战能力的诸要素中具有首要地位。网信人才培养也是军队当前面临的最紧迫的任务。网络安全和信息化建设的重要任务就是针对现代战争需求，更新人才培养理念、完善人才培养体系、突出网信核心能力素质培养、拓宽人才培养渠道、创新人才培养模式、健全人才管理机制，培养高素质军事人才。另一方面要创新体系运用方式，探索最佳运用方法。作战体系是个复杂的巨系统，且随着作战进程的推进不断调整变化。首先要清楚作战体系的运行程序和规律，找到影响作战效能发挥的关键点，在此基础上创新作战方式方法，充分发挥体系的功能，在最佳的时刻释放出最大效能。军队网络安全和信息化建设的主要抓手是打造网络信息体系，打通"侦、控、打、评、保"环节，加速信息流带动物质流和能量流，实现战场感知全维全域、筹划多级联动、指挥控制灵敏高效、联合打击跨域聚能、作战保障精准及时、作战效能聚优。同步要加强基于网络信息体系作战运用理论研究，探索新战法，掌握新作战样式，筹划高效作战行动，重视战争试验的验证作用，使军事理论与军事实践同步前行，为作战效能的不断提升提供持久动力。

五、提高军队管理效益

军队网络安全和信息化建设作为一个高投入的不断发展的过程，必然涉及大量的经费投入、物资投入和人力投入。高投入要取得高效益，转化为部队作战能力生成，并不是一个自然生长过程，而是一个伴随着积极探索和艰苦努力的过程。军队网信建设又是一个技术含量高的庞大社会性系统工程，涉及大量高科技成果。这样庞大而复杂的工程，只能依靠科学高效的管理，加强军队网信领域管理是实现又好又快达成军队网信战略目标的关键。提高军队管理效益任务包含：一是采用现代管理理念，推动数据融入军事管理以及各领域业务流程，有效赋能军事管理实践。二是再造管理流程，从军事管理业务需求出发，以应用场景化视角，形成跨部门业务协同模型，按需打通用户、系统和业务的数据通道，推进军事管理业务数据共享和流程重塑。三是完善管理手段，通过优化分析军事管理数据，数据驱动军事管理决策，标准规范军事管理活动程序，持续提升军事管理质量效益。

第四节　军队网络安全和信息化根本遵循

军队网络安全和信息化是实现军队"三化"融合的关键环节，也是驱动军队军事力量体系向新形态重塑转型的重要领域。推进军队网络安全和信息化建设发展，要遵循政治要求、延续历史传统、满足战争需求和顺应科技趋势。

一、匡定政治定位

以网络信息体系为抓手，加快推进军队网络安全和信息化建设实现跨越式发展，是贯彻习近平强军思想和新时代军事战略方针的必然要求。习主席站在时代发展和战略全局的高度，统筹强军目标与军队信息化建设，明确指出网络信息体系是信息化作战体系的基本形态，是打赢信息化战争的核心支撑；明确强调要加强网络安全和信息化顶层设计和科学统筹，加快建设进度和作战运用；明确要求提高基于网络信息体系的联合作战能力、全域作战能力。军队现代化建设发展战略和总体规划，将网络信息体系作为军事体系布局之要重点部署安排，着力构建以网络中心、信息主导、体系支撑为主要特征的网络信息体系。用网络信息体系的理念来理解作战体系、塑造装备体系、优化管理体系，用网络信息体系的效能来激发军事创新力、涌现发展增长力、催生新质战斗力，是军队未来发展的新指向、新目标、新任务，必须加快建设速度，加大运用深度，开创网络信息体系发展新局面。

二、把握战争规律

紧盯强敌对手、适应备战打仗的严峻形势，为打赢具有智能化特征的信息化局部战争提供强劲动力，是网络安全和信息化的现实要求。军队面对的强敌对手高度信息化、一体化，作战体系完整、实战经验丰富，正在加紧推进智能化军事体系建设，致力提升信息能力和体系对抗能力，谋求军事实力对比从保持传统优势向形成新的代差转变。适应战争形态演进、适应打赢强敌要求，加快形成战略能力，将网络信息体系发展作为新指向，要求统筹现实斗争与长远布局，统筹体系建设与作战运用，对标强敌对手补齐短板弱项、建强军队作战核心能力、优化部署运用，加快培育和发展新域新质作战能力，有力支撑打赢高端战争、履行使命任务。

三、延续历史脉络

加强网络安全和信息化顶层设计、把握发展规律、强化体系统筹，着力构建全军统一的网络安全和信息化体系框架，推动作战体系整体升级，是军队现代化建设的时代要求。经过几十年接续发展和探索前行，军队网络安全和信息化建设在认知上不断升华、实践上不懈积累，基础日益厚实、路径日趋明晰，但"小、散、弱、乱"现象突出，特别是建设布局不均衡、体系运用水平不高、与战建"两张皮"等问题急需解决。网络安全和信息化建设应当走开以体系能力为目标导向、以顶层设计为引领和统揽、建训用管一体迭代发展的新路子，通过整合资源要素、打通融合环路、强化体系效能，推动网络安全和信息化建设整体性、系统性思维理念、决策模式、管理方式、运行机制协调创新和整体转型，加快实现军队作战能力聚能蓄势、提质增效。

四、顺应科技趋势

以信息技术为核心的科学技术群体性突破，科技革命对军事革命的驱动作用愈发凸显，建设具有智能化特征的作战体系是当前和今后一个时期的军队的使命要求。适应信息科学技术发展趋势，推进网络安全和信息化各层次升级发展，必须以机械化为基础、信息化为主导、智能化为方向，采取科学的理念和架构、先进的技术和装备、创新的组织和运用，加强军事智能化理论研究、概念开发、需求牵引、验证转化和实战运用，拓展科技成果转化、军民深度融合的新路子。特别是近年来军事智能的快速发展正在引发军事领域链式突破，网络安全和信息化领域建设应加大智能化布局和投入，强化网络空间与物理空间交叉融合、有人/无人协同作战、自主/智能体系对抗，走开"体系+智能"的创新路径，为体系加载智慧内核，推动实现网络安全和信息化建设自生长自组织自演进。

第五节 军队网络安全和信息化地位作用

军队网络安全和信息化关系富国强军战略目标的实现、军队使命任务的有效履行，在国家和军队建设中具有十分重要的地位和作用。

一、军队网信是网络强国的重要组成部分

军队网络安全和信息化以国家网络安全和信息化事业为依托，是国家网络强国战略宏图的重要组成部分。军队网信促进国家网络强国战略实现，对提升国家网信水平，提升国防战略能力具有重要作用。网络强国战略包括网络基础设施建设、信息通信业新的发展和网络信息安全三个方面。十余年来，在习近平新时代中国特色社会主义思想特别是关于网络强国的重要思想指引下，网信事业取得重大发展，在某些方面已经取得重大成就。网络强国战略为军队网信提供了大量的、成熟的信息技术。充分利用这些信息成果，不仅可以使军队以更低的成本、更短的时间获得最新技术成果，更能让军队网信工作更专注于突破军事领域技术瓶颈，加快军队网信带动军队全面建设的步伐。网络强国的实践表明，集中统一的组织领导，是推进网信事业的根本保证，这些宝贵的实践经验，有助于军队网信建设的持续发展。总体来看，网络强国战略为军队网信发展提供了强大的精神动力和物质技术支持，网络强国发展水平决定了军队网信发展的整体水平。军队网信建设对网络强国发展具有重大的推动作用。如果说网络强国犹如时代之"雄鹰"和"列车"，那网络安全和信息化便是其"一体之两翼"和"驱动之双轮"。军队网信建设是提升国家军事战略能力的根本途径。当年，如果没有"两弹一星"，就没有支撑我国大国地位的军事战略能力。今天，如果不把网信事业搞上去，不抢占网信领域这个世界军事发展的制高点，就不能有效履行新世纪新阶段军队历史使命，就不能保持和进一步提升我国综合国力和国际地位，就难以在复杂的国际环境和激烈的国际竞争中赢得战略全局的主动。由此可见，军队网信建设在国家网络强国战略布局中意义重大。因此，必须在加强国家网络强国建

设的同时加快军队网信建设，实现富国和强军的统一。

二、军队网信是建设一流军队的重要保证

建设世界一流军队的重要思想，是强军目标的深化和具体化。世界一流军队是"建"出来的，更是"打"出来的。在难以直接经历战争实践的情况下，迫切需要强化现代战争实践认知，打造实战化训练环境、摸索智能化战争规律，探寻应对之法，这些都需要网络安全和信息化领域建设提供重要支撑条件和制度环境保障，以此牵引世界一流军队建设。推进军队网信建设，是覆盖军队现代化建设全军的战略举措，是建设一流军队的主体工程。在作战理念上，把信息优势作为战争制胜的关键；在武器装备运用上，运用数字化、智能化技术提升武器装备的作战运用效能；在军队指挥方式上，以有利于信息快速流动为目标进行改革调整，创新力量构建和运用方式；在军事训练上，提供虚拟现实、增强型现实训练环境，加快战斗力生成；在作战理论建设上，创新现代战争作战理论体系，发挥其牵引和指导作用。总体来看，军队网信始终以战领建，为军队建设发展提供强力引擎，加快科技自主创新、原始创新，实现弯道超车、换道超车，以国防和军队现代化的转型升级，抢占未来军事竞争战略制高点。

三、军队网信是实现"三化"融合的关键环节

党的二十大报告强调坚持机械化信息化智能化融合发展。"三化"融合发展的重要特征是机械化信息化智能化逐次递进有序依存。从时序上看，"三化"不是同时起源的，没有前一"化"作为前提和基础，就没有后一"化"的发生和发展，其中"信息化"是承前启后的重要环节。另外，后一"化"对前一"化"无法全局替

代，前一"化"的核心短板弱项，不仅难以被后一"化"完全解决，反而会影响后一"化"的发展，进而拖累整体发展进程。军队网信是从信息化发源，在技术的推动下不断演进，在不同的阶段有着丰富的建设内容，发挥着不同的作用。在机械化阶段向信息化过渡阶段，军队网信重点进行军事信息系统建设、信息化武器装备改造和信息化支撑环境建设，着力补齐短板弱项；在信息化数字化阶段，军队网信关注数字转型，着力打造网络信息体系和信息安全盾牌，探索智能化特征的信息化战争特点规律，打造优势长板和"撒手锏"；在未来的智能化全面发展阶段，军队网信也将在智能化技术推动下，创新作战样式、重塑作战体系。总体来看，军队网信是在全面夯实基础的前提下，不断迭代演进，在继承的基础上创新发展，切实推动"三化"融合发展落地落实。

四、军队网信是打赢信息化战争的核心支撑

建设一支与国家国际地位相称、与国家安全和发展利益相适应的强大军队，打赢信息化智能化战争，是党和人民赋予军队的根本任务。近几场局部战争表明，网信能力成为打赢信息化战争的核心支撑，网络安全和信息化领域已经成为大国竞争博弈和体系对抗的战略高地。现实情况要求我们以一流的作战体系和战斗力生成模式来抗击强敌信息优势和作战能力，这是军队战争理论、战略思维、战略布局、战略准备的根本指导，也是军队进行作战筹划、作战力量编成、体系作战运用的重要考量。从长远博弈讲，信息化到智能化是赶超强敌的一个战略拐点，反过来看，也是强敌对我遏制打压的战略发力点。当前军队的主要矛盾是现代化水平与打赢具有智能化特征的信息化局部战争的要求的不适应，军事能力与履行新时代使命任务的不适应。为转变这一现状，要求通过网信领域建设把分

散孤立的系统、单元、要素，连成一个完整的、覆盖各个领域的整体，形成并优化真正的联合作战体系和能力。因此，军队战斗力的体系化建设、体系化运用、体系化发展是我们确保打赢具有智能化特征的信息化局部战争的必然选择。必须把加强网络安全和信息化建设，作为支撑信息化作战体系的基本形态生成和打赢信息化战争的重要支撑，从政治和战略全局高度统筹谋划，抢抓战略机遇、突出战略重点、强化战略布局，加快提高军队打赢信息化战争的核心使命和能力。

第二章　军队网络安全和信息化建设发展

军队网络安全和信息化建设是一项涉及面广、集成度高、整体性强的系统工程，应自觉运用科学的指导思想筹划推进网络安全和信息化建设，根据军队网络安全和信息化发展战略任务和打赢信息化战争的战略要求，瞄准未来发展目标，解决制约军队体系作战能力生成的主要矛盾，重点把握军队网信能力需求、建设指导、主要抓手和建设重点，引领军队信息化实现跨越式发展，为践行强军目标提供强力支撑。

第一节　军队网络安全和信息化建设要求和机遇

当前和今后一个时期，科技革命迅猛发展，战争形态加速演进，网络空间竞争博弈激烈，军队网络安全和信息化建设迎来跨越发展重大历史机遇，也面临日益严峻的巨大挑战。

一、军队网络安全和信息化建设要求

经过多年发展，军队网络安全和信息化建设取得明显成效，但与支撑打赢具有智能化特征的信息化局部战争还有较大差

距。加快推进军队网络安全和信息化建设转型升级，需要充分发挥新体制优势，创新建设管理和能力生成模式，注重统分结合、平衡需求供给、一体建设运用，聚力夺取网络空间能力建设体系优势。

（一）贯彻习近平强军思想和新时代军事战略方针的必然要求

习主席站在时代发展和战略全局的高度，统筹强军目标与军队信息化建设，明确指出网络信息体系是信息化作战体系的基本形态，是打赢信息化战争的核心支撑；明确强调要加强网络信息体系顶层设计和科学统筹，加快建设进度和作战运用；明确要求提高基于网络信息体系的联合作战能力、全域作战能力。军队现代化建设发展必须着力构建以网络中心、信息主导、体系支撑为主要特征的现代化作战体系。应当以网信的理念来理解作战体系、塑造装备体系、优化管理体系，用网信的效能来激发军事创新力、涌现发展增长力、催生新质战斗力，切实明确军队网络安全和信息化建设的新指向、新目标、新任务，切实加快建设力度速度，加大运用广度深度，开创军队网络安全和信息化建设新局面。

（二）实现军队现代化建设高质量跨越的时代要求

当前，军队网络安全和信息化建设进入新阶段，在对历史上信息化建设成果的继承发展基础上，着力构建网络中心、信息主导、体系支撑的联合作战体系。推进新时代军队网信建设，不是推倒重来、另起炉灶，而是要把以前的建设成果用好用足，在继承军队长期建设发展实践成果的基础上，围绕解决体系作战能力瓶颈，走开以体系能力为目标导向，以顶层设计为引领规制，建训用管一体迭代发展的新路子，确保以创新的思维、创新的理念、创新的模式引领信息化转型向深里走、向高端迈进，推进军队网信建设实战化水平显著提升。在此基础上，未来把军队网信建设推向高水平、高质量发展，推进实现军队网信建设从量变到质变的飞跃。

（三）推动军队网络信息体系建设的路径要求

经过几十年接续发展和探索前行，军队信息化建设在认知上不断升华、实践上不懈积累，基础日益厚实、路径日趋明晰，但"小、散、弱、乱"现象突出。对此，新时代的军队网络安全和信息化建设，应当注重"去利"、以共享为前提，把建设发展的关注点从局部转移到全局，用宽广而长远的战略眼光看待发展，避免囿于局部利益；应当注重"互动"、以能力为牵引，应对遂行使命任务的需求进行缜密分析，重视体系战斗力生成机理，把建设的着重点从系统功能转移到体系能力；应当注重"去僵化"、以发展为中心，提高敏捷适应不确定性环境的反应能力，不再追求"最优"的刚性结构，而是确保体系的"柔性"重组。通过整合资源要素、打通融合环路、强化体系效能，推动军队网信建设思维理念、决策模式、管理方式、运行机制协调创新和整体转型，加快实现军队作战能力聚能蓄势、提质增效。

（四）加快军队网络安全和信息化建设的现实要求

军队面对的强敌对手高度信息化、一体化，作战体系完整、实战经验丰富，正在加紧推进智能化军事体系建设，致力提升信息能力和体系对抗能力，谋求军事实力对比从保持传统优势向形成新的代差转变。适应战争形态演进、适应打赢强敌要求，确立了军队网络安全和信息化建设发展的新指向，必须统筹现实斗争与长远布局，统筹体系建设与作战运用，对标强敌对手补齐短板弱项、建强核心能力、优化部署运用，加快培育和发展新质作战能力，有力支撑打赢高端战争、履行使命任务。

二、军队网络安全和信息化建设机遇

科学技术是第一生产力，科学技术也是新质战斗力。各类科学技术的发展进步和交叉融合推动科学技术的创新发展，科学技术最新成果的军事化运用不断推动军队新质战斗力的建设发展。军队网络安全和信息化建设必须顺应机械化信息化智能化融合发展、迭代更新，顺应科技发展规律，不断汲取新的科技成果，以适应未来新的作战体系。

（一）以信息技术为核心的科学技术群体性突破，对军队网信建设的驱动作用愈发凸显

需求牵引和技术推动，是引领军事变革的根本动力。当今世界，新一轮科技变革加速推进，5G+、互联网+、大数据、云计算、区块链、人工智能、机器学习、增强型虚拟现实等新技术，广泛运用于军事领域，深刻改变作战规则，颠覆传统作战样式。世界各军事强国，竭力抢占军事竞争新的制高点，无人化、隐身化、智能化作战正竞相上演。信息技术的渗透性和联通性，日益将作战力量、作战单元、作战要素融合成为有机整体，人、装、物等作战要素正在演化为网络节点，军事实体、军事活动、军事知识将逐步实现数字化，无人、高超声速装备将占据武器装备较大比重。适应信息科学技术发展趋势，推进军队网络安全和信息化建设升级发展，必须以机械化为基础、信息化为主导、智能化为方向，采取科学的理念和架构、先进的技术和装备、创新的组织和运用，加强军事智能化理论研究、概念开发、需求牵引、验证转化和实战运用，拓展科技成果转化、军民深度融合的新路子。

（二）军事智能的快速发展引发军事领域链式突破，为军队网信建设实现弯道超车提供支撑

当前，军事智能革命已经到来，推动战争形态加速演进，引发军事领域链式突破，作战行动日益呈现分布式、无人化、超高速等新特征。建设智能化军事体系成为世界军事发展的重大趋势，美、俄等国将智能技术视为改变战争规则、颠覆作战样式的新动能，围绕军事智能化展开激烈角逐。我国信息化迅猛发展，国家"新基建"战略深入推进，智能科技迈入全球第一梯队，军队建设向强制强、加速赶超有了坚实基础。军队信息化转型尚未完成，智能化发展任务紧迫，必须迎难而上、超越发展，立足最复杂最困难情形，寻求异构技术突破，建强保底战略能力，支撑国防和军队现代化实现弯道超车、换道超车。在这一历史背景下，军队网络安全和信息化建设必须加大智能化布局和投入，强化网络空间与物理空间交叉融合、有人/无人协同作战、自主/智能体系对抗，走开"体系+智能"的创新路径，为体系加载智慧内核，推动实现现代化作战体系自生长自组织自演进。

（三）数字孪生技术飞速发展及其快速应用，为军队网信建设快速发展启发了思路

随着网信技术的飞速发展，数字化的大潮以排山倒海之势席卷而来，全球在线化、数据化进程不断加速，跨界融合、创新驱动、结构重塑、人机一体已成为新的时代特征，人类正从 IT 时代步入 DT 时代。顺应时代大势，2020 年以来，党中央、国务院、中央军委发布系列重要文件，均对国民经济和国防领域的数字孪生技术创新应用作出重大决策部署。《中华人民共和国国民经济和社会发展第十四个五年规划和 2035 年远景目标纲要》提出"探索建设数字孪生城市"；国务院国发〔2021〕29 号《国务院关于印发"十四五"数字经济发展规划的通知》作出"数字技术构建的数字孪生空间将基础设施的物理状态精准映射……为经济畅通循环奠定了重要基础"的重大判断；军队网络信息体系更是将数字化列为网信建设首要，作出一系列重要规划部署。在军队网络安全和信息化建设中，数字孪生技术将发挥关键支撑作用，必须加快推进数字空间建设，紧前构建功能强大、融合高效的数据信息服务环境，通过集中化、企业级云端的作战信息服务，满足用户的即插即用和定制化服务需求，确保各类部队、各级部门能够在基于服务的联合信息环境中运用系统、生成能力，从而极大提升透明感知、海量信息处理、精确数据推送、辅助决策支撑等水平，有效激活联合作战体系的"神经"和"血脉"。

第二节　军队网络安全和信息化建设能力需求

军队网络安全和信息化建设，不仅要为打赢信息化智能化战争提供核心能力支撑，还要适应国家利益的不断拓展，为维护海洋、太空、网络空间安全和遂行海外任务提供有力支撑。为满足上述需求，军队网络安全和信息化建设应具备基础支撑、侦察预警、指挥控制、精确打击、网络攻防、综合保障和协同管理等能力。

一、基础支撑能力

基础支撑能力，是指信息基础设施及联合信息共享环境所具备的，用以保障各种作战能力功能耦合和作战体系整体联动的能力。主要包括广域覆盖、宽带传输、随遇接入、信息服务、网络运维、综合防护等六种能力。

（1）广域覆盖能力。具备对全球重点区域、远海和太空等国家利益拓展空间军事行动的支援保障能力。能全面覆盖国家领土、领海和周边地区；能有效覆盖全球任务区域，对重点区域具备覆盖增强能力。能够为陆军、海军、空军、火箭军等部队提供大容量、高可靠、栅格化的陆基、天基通信，确保指挥信息系统和武器平台远程接入。

（2）宽带传输能力。根据用户需求的差异性，以不同带宽、不同通信手段、不同服务质量和服务等级，提供端到端的信息传送服务，以充分满足指挥信息系统需要。能够根据业务类型，灵活选取通信手段，按需提供与之匹配的信道传输信息。根据用户对象所需，能够在确保通信不间断的前提下，提供不同等级和质量的服务。

（3）随遇接入能力。根据需要，各类作战单元和作战要素，通过全时运行的接入站点，能够快速接入信息基础设施。具备在任务区域基于既设网络环境的大跨距、多站点、多方式的授权接入服务能力，以及按需提供共享信息资源和信息服务。各类无线网系和无线用户能够快速地接入信息网，具备跨区域、跨网络平滑切换的接入服务能力，实现指挥链路全程贯通；在薄弱或无依托的任务区域，具备迅即开设、先低后高、先通后稳的递进接入服务能力。

（4）信息服务能力。按照信息融合共享使用原则，为授权用户提供标准化、个性化、精确化的信息传输和处理服务，实现各类信息资源的统一组织和栅格化计算、虚拟化存储、集约化管理、常态化保障。包括信息传输、计算存储、数据处理和容灾备份服务等四类能力，重点要具备依据保障对象、任务性质和环境条件，基于保障标准和策略，灵活配置话音、数据、视频等各类服务的能力；具备依据业务类型、网络负载和使用效能，基于信息（媒体）格式和内容性质，按需动态调配网络资源，提供多层级、多视角的服务质量保证能力。

（5）网络运维能力。优化调整通信和网络资源分配，最大限度满足各级各类指挥所、武器平台等多样化用户对通信和网络资源的需求，确保共用信息基础设施可靠运行和通信资源准确掌控的能力。主要包括状态感知、调度控制和质量评估三类能力。

（6）综合防护能力。按照可管、可控、可信的要求，为各类信息网络、信息系统、数据中心提供安全可靠的等级防护，有效防御各类网络攻击，快速处置各类网络安全事件，构建安全可信的网络空间，实现由被动防护向主动防护转变。包括安全可靠、网络防御和自主可控三类能力，通过提供无线接入控制、网间隔离交换等边界管控手段，确保不同安全等级网系间信息受控交互；提供信息、软件、服务等入网认证和安全基线审核，确保各类入网资源可信；提供统一身份认证、鉴权访问、行为管控等安全服务，确保入网用户可管。

二、侦察预警能力

侦察预警能力，是指综合利用部署在空间、空中、陆地、海洋的各种侦察预警系统或装备，及时准确地收集国家周边地区和国家利益拓展攸关区域的军事态势和军情动向，及时报知中远程弹道导弹、远程轰炸机、巡航导弹及空间作战平台等战略性进攻武器来袭预警信息的能力。通常由情报侦察、预警探测、战场监视等能力构成。

（1）情报侦察能力。具备丰富完善的信息技术设备和手段，并能利用这些手段和设备对敌我双方兵力部署、番号、部队编成、行动企图、指挥所位置、武器的数量和性能、火力配系、电子设备的配置与使用特点、工事构筑等信息进行获取、处理以及利用。主要由侦察监视覆盖能力、战场机动目标侦察数据融合能力、情报综合能力等构成。

（2）预警探测能力。具备对远距离来袭战略武器全空域、全时域、全频域、全天候的发现、跟踪、识别和报知的能力，包括太空、空中、海上、陆上、网络等预警能力。其中，太空预警要能对太空目标、主要战场和相关国家与地区重要战略目标进行有效侦察监视；空中预警要能对空中相关目标进行有效侦察，对各种飞行器提供足够的预警时间；海上预警要能对主要海战场和重要海上（水下）目标进行有效侦察监视；陆上预警要能对主要战场、边境地区战略目标进行有效侦察监视；网络预警要能对网络环境和重要信号源进行有效侦察监视。

（3）战场监视能力。是指能够实时获取和提供陆海空天电网多维战场动态情报，并进行快速信息处理分发的能力。其中，太空战场监视要能够及时掌握卫星及其他航天器种类、数量、轨道、性能、特征等参数，形成太空战场精确态势，提供过境卫星准确预报，对构成威胁的重要太空目标实施全时空监控；空中战场监视要能实时掌握各类空情，具有对不同高度飞行目标的侦察捕捉能力、敌我识别能力；海上（水下）战场监视要能实时掌握作战海区内各类海空情况，具有对大型舰船、核潜艇以及低空隐身目标的侦察和识别能力；陆上战场监视要能实时掌握作战地域内各类敌情，具有夜间和不良天候的侦察能力，以及特种侦察、敌我识别能力；网络战场监视要能实时掌握各类网络信息，具有对无线网络渗透侦察、网络密码破译等能力。

三、指挥控制能力

指挥控制能力，是指通过高效处理和利用作战信息，支持各级指挥员和指挥机构对诸军兵种作战行动进行运筹谋划和协调控制的能力。通常由联合指挥支持能力、要素融合能力、末端武器铰链能力，以及联合任务规划能力等构成。

（1）联合指挥支持能力。各级各类指挥机构纵向贯通、横向互联，形成战略、战役、战术多级贯通、诸军兵种力量一体的指挥体系，能对诸军兵种作战力量、作战行动进行高效运筹和协调控制。战略层面，指挥控制系统能按需连接国家政治、经济、外交、法律等相关系统；战役层面，联合指挥机构指挥控制系统能与作战部队紧密连接并实现信息互通融合，必要时可接入地方国防动员、交通运输、医疗卫生等系统。

（2）要素融合能力。能将预警侦察、指挥控制、综合保障、政治工作等联合作战体系构成要素融为一体，将指挥机构内部各类指挥与保障要素融为一体。

（3）末端武器力量（分队平台）铰链能力。能够通过机动通信系统和数据链系统，实现与主战武器平台、关键传感器平台和重要作战部（分）队等末端的无缝链接。战术层面，作战部队各兵种、专业指挥平台间能相互连接，并能铰链主战武器平台。

（4）作战规划支持能力。具备决策信息交互、作战任务规划推演、作战模拟仿真、作战任务规划执行监控、作战任务规划优化及快速修改等能力，为定下作战决心和调整力量部署、分配作战任务等提供参考依据；能对预定作战地域地形地貌、作战行动、装备运用、毁伤效果等进行推演评估，消解时间、空间和资源上的冲突，为验证决心建议和精确指挥联合作战行动提供支持。

四、精确打击能力

精确打击能力，是指战场上实时发现、监视、识别、跟踪目标，为指挥员选择、组织并运用适当的精确制导武器进行打击，提供精确定位、精确导航、精确控制、精确评估等信息支撑的能力。按照打击流程，精确打击能力可分为精确感知能力、精确指控能力、精确毁伤能力和精确评估能力。

（1）精确感知能力。能根据作战需求，运用分布在陆海空天的各种类型传感器，对战场目标进行全维、全时的精准侦察监视，实时获取、处理目标的方位坐标、地理坐标、目标幅员、目标性质和状态等精确信息，并及时传输给指挥中心和精确打击武器系统，使指挥员了解目标威胁情况，使武器打击系统获得初始精确打击诸元，确保打击效果。

（2）精确指控能力。主要是指基于战场态势对精确打击部队和精确打击武器系统进行精确控制的能力。这种能力以网络为中心，将打击力量和主战武器系统融合集成，是实现精确控制的必然途径。其实质是按照任务要求，构建支持野战条件和快速机动平台的战术级通信系统，以便行动部队和主战武器系统随遇入网、即插即用，确保指挥链贯通，从而实现兵力机动精确定位、精确部署，火力机动精确定时、精确定点的目标。

（3）精确毁伤能力。精确毁伤能力取决于武器系统信息化、智能化水平。因此，精确打击武器系统应能通过数据链接入军队网络，具备接收、处理和使用外部输入的情报信息，并可分发其他主战武器和指控系统所需的信息；具备与其他武器平台平等协作、随机协同和互补融合的协同作战能力；具备精确定位、精确制导能力，以及敌我识别、电子对抗和电子自卫、隐身涂层和综合防护等能力。通过这些能力，确保精确打击武器能够根据作战目的，对不同的作战目标实施不同程度的精确毁伤，有效控制作战强度。

（4）精确评估能力。具备评估各精确打击单元打击效果是否已经达成预期作战目的和预先计划要求的能力。这种能力贯穿于作战行动的全过程，其目的是对作战形势和作战进程实施不间断调控，并依据作战效能对作战行动结果进行精确评估。主要包括：精确打击部队作战效能评估能力，即能对战前己方部队精确打击预定目标的能力进行综合评估分析，以便精确地运用作战力量；作战毁伤评估能力，即通过侦察预警探测系统对预定打击目标进行实时探测、定位、跟踪、监视、检测并评估毁伤效果；武器系统效能评估能力，即能评估使用的精确制导武器系统和精确制导弹药效能与对目标的预定毁伤效果是否一致，并依此调整使用精确打击武器的品种和数量。

五、网络攻防能力

网络攻防能力，是指在网络空间或通过网络空间实施各种对抗行动，破坏敌网络和信息系统、毁瘫敌作战体系、削弱敌战争潜力、影响敌作战决策和战斗意志，同时保护我方网络空间安全的能力。网络攻防能力主要包括网络空间防御能力和网络空间攻击能力。

（1）网络空间防御能力。主要包括光电防护能力、网络防御能力、信息保密能力和舆情管控能力等要素。①光电防护能力，即综合运用"软硬"装备，保护己方电子设备、信息系统、网络及相关武器系统或人员作战效能正常发挥的能力。包括防电子侦察、抗电子干扰、抗电子摧毁等能力要素。重点应具备隐蔽伪装、设置假目标、实施电子欺骗、电磁管控等防侦察能力；具备雷达、通信、光电、声呐等抗扰手段和能力；具有保护己方重要信息系统电磁辐射源的措施和手段。②网络防御能力，即综合利用多种防护手段，抵御敌网络侦察和进攻，保护军队网络安全和信息化建设正常运行的能力。重点应具有访问控制、鉴别认证、信息流加密控制、监测预警、入侵检测等技术手段，具备无线传输网络端口接入防护、防黑客入侵、病毒破坏的能力。当网络遭敌攻击时，网络能够通过物理隔离、容灾备份等技术手段，保证军队网络信息系统和信息化武器装备正常运行运用；当网络被攻击，对作战指挥、协同产生较大影响时，系统应具备自动探测网络拓扑信息、自动选择信息传输路由、自动进行通信控制等能力。各网络的信息节点、信息要素能够自动完成网络拓扑结构调整和系统自适应重组，快速建立新的网络系统。③信息保密能力，即采取技术和管理等综合性信息保密措施，保证军队网络信息系统安全的能力。技术方面，在传输、处理、利用过程中，具备对指挥控制、情报侦察等涉密信息加密的能力，主要具有链路加密、节点加密、端对端加密，传统密码、量子密码、DNA 密码保护，数据库加密、数据库水印，身份认证、访问控制、安全审计、可信记录等能力手段；管理方面，具有完善的领导管理机制、防奸保密协作机制、军地隐蔽斗争协作机制、网上技术监测协作机制以及保密联管机制，能对军队网络安全和信息化全要素、全过程实施保密管理。④舆情管控能力，即利用各种信息技术和手段，保证能够以多种渠道、多种形式及时准确地提供有利于我方的媒体信息，同时及时堵塞敌信息传播的渠道，对敌传播的信息加以控制，削弱敌心理战的效果，使我方官兵心理认知情况处于良好可控状态的能力。重点是具备舆论引导、信息控制、宣传反制、导疏保稳等手段和能力，以激发和保持我方官兵战斗力。

（2）网络空间攻击能力。主要包括干扰压制能力、渗透控守能力、摧毁瘫痪能力、战略传播能力等能力要素。①干扰压制能力，即通过运用电子干扰装备，对敌方侦察监视、预警探测、指挥通信、精确制导武器等重点目标系统进行扰乱，使敌方信息设备或系统使用效能降低甚至失效。重点应具备利用大功率地面干扰站、机载电子干扰设备等压制敌防空系统的能力；具备综合运用星载、机载、地面等有源无源干扰设备中断或破坏敌无线通信的能力；具备运用空中平台和地面大功率干扰站干扰敌卫星导航定位系统的能力；具备使用激光、微波武器等干扰敌精确制导武器的能力；具备对敌声呐系统进行干扰的能力等。②渗透控守能力，即通过专用技术装备和方法，利用网络硬件产生的电磁能、网络系统存在的漏洞以及网络无线传输信道，绕过防火墙，对敌重要信息系统和武器平台的指控系统进行扫描、渗透和窃密，从而夺占敌部分重要信息系统控制权的能力。③摧毁瘫痪能力，包括硬摧毁和软瘫痪两个能力要素。硬摧毁是指利用反辐射武器、定向能武器和电磁脉冲武器以及精确制导武器等毁伤敌信息设备、系统、网络及人员，从根本上削弱敌获取、传输、处理和利用信息的能力；软瘫痪是指利用敌方信息网络系统的安全漏洞和隐患，通过采用病毒攻击、漏洞攻击、木马攻击、拒绝服务攻击等手段，向敌传播假信息、发布假命令，修改敌作战文件和数据，使敌网络系统主要部分无法正常运行甚至瘫痪的能力。④战略传播能力，即通过网络空间战略传播体系，对敌军队、社会个体和群体的情感、意志和信念等认知系统施加影响，以控制对方的意识和精神，削弱对方战斗力的能力。重点应具备舆论引导、情感诱导、威慑震撼的手段和能力。

六、综合保障能力

综合保障能力，是指为诸军兵种联合作战提供作战信息、后勤和装备信息保障及信息动员的能力，是形成体系作战能力的重要保证。信息化局部战争中，构建战略战役战术多级一体、陆海空火箭军等多军种联合实施的综合保障体系，以有力支持作战行动高效运转，武器装备效能发挥，是保证联合作战体系能力生成与持续发挥的物质支撑和重要条件。综合保障能力主要包括气象水文信息保障、地理信息保障（测绘、导航、时统）、电磁频谱管控、后勤和装备信息保障、信息动员等能力。

（1）气象水文信息保障能力。具备水文和大气环境信息采集、环境预测预报、环境辅助决策等能力，能及时、准确、可靠和有针对性地提供气象信息和水文情报。

（2）地理信息保障能力。是为军队作战提供地理空间、目标位置、精确制导、航（飞）行定向和定位保障的能力，主要包括军事测绘、导航定位、时统信息能力三部分。①军事测绘方面，具备利用现代信息技术，保障军事地理测绘信息的收集、传递、处理自动化和地图自动生成与显示的能力。②导航定位方面，具备无线电导航、天文导航定位或组合导航定位等综合能力。③时统方面，具备标准时间的产生、发送与接收、授时与应用等能力，以统一部队的各项作战行动。

（3）电磁频谱管控能力。主要包括频谱态势综合、频率划分与指配、频谱资源协同管制等能力。即能根据作战任务需求，及时准确地对作战区域电磁频谱态势进行生成、分析、显示和共享，为各级指挥及参谋人员进行作战决策提供支持；能对地面或空间的一项或多项无线电通信业务、射电天文业务使用频段进行适时合理的划分与授权使用；在战场电磁环境中，具备汇总和评估联合作战用频方案，协调和指导下级频谱应用方案的制定，完成与电子对抗系统、民用频谱的协同使用，以及对重点武器平台频谱保护的能力。

（4）后勤和装备信息保障能力。在后勤和装备领域，具备综合运用以现代信息技术为核心的各种装备，实现后勤和装备信息的收集、传输、融合和利用，从而对后勤和装备部队实施精确指挥控制的能力。主要包括后勤和装备指挥、物资管理、维修管理、运输管理、医疗保障和财务管理等信息保障能力要素。

（5）信息动员能力。信息动员能力是利用军队网络安全和信息化建设的联通、渗透、黏合、倍增等特性，作用于战争需求信息的传递、符合条件社会资源的确定、将符合条件的信息动员潜力重新组合等动员环节，大幅提高动员信息的获取和传递、动员决策应变、动员组织指挥、动员计划和控制水平，实现动员信息传递网络化、动员资源管理数字化、动员活动控制可视化。具体可以分解为动员信息获取、传递和判断能力，动员决策应变能力，动员组织指挥能力，动员计划控制能力等。

七、协同管理能力

协同管理能力，是指为达成军队网络安全和信息化建设高效运转的目标，协调管理政治工作、后勤、装备、训练和国防动员等要素和资源，使其相互作用、相互配合并发挥最大价值的能力。其实质是打破各部门、各领域、各业务、各专业之间的壁垒，消除信息孤岛、应用孤岛和资源孤岛，促进信息、业务、资源的协调配合，使军队网络安全和信息化建设整体功能产生倍增效应，实现 2+2>4 的协同效应。按协同管理流程分，协同管理能力主要包括协同组织、协同计划、协同协调、协同控制等能力；按协同管理要素分，协同管理能力主要包括业务协同、组织协同、资源协同、信息协同、制度协同、流程协同等能力。后者是协同管理能力研究的重点。

（1）业务协同能力。战略协同是促成政治工作、后勤、装备等要素和资源协同管理的前提。各领域、层级的管理部门和官兵都能清晰地了解总的战略目标和作战企图，掌握战略发展方向、目标、使命、实现路径，并能自主协同、齐心协力推进实现战略目标。

（2）组织协同能力。通过优化、组合、调配政治工作、后勤和装备管理、训练、国防动员等领域组织管理要素，促使其资源配置集约高效，以提升业务管理运行效能。组织协同是军队网络安全和信息化建设共有资源有效利用的重要保证，包括组织规模的协同、组织结构的协同等。

（3）资源协同能力。军队网络安全和信息化建设资源可分为有形资源如信息化训练基地、通用专用装备、配套基础设施、资金等，以及无形资源如技术、专利等。资源协同就是通过协同能力使资源合理配置，实现军队网络安全和信息化建设效能的最大化。

（4）信息协同能力。信息协同是协同管理的前提和基础。信息协同能力不仅是指军队网络安全和信息化建设内部各管理要素实现了信息共享，而且还相互作用形成了信息互补效应，能基于同一态势、围绕同一目标进行各种方式的分工协作，可大幅提高军队网络安全和信息化建设的管理效益。

（5）制度协同能力。根据作战需求，突出强化"协同管理"总体要求，制定与协同管理相配套的领导、评估、问责等法规制度，建立一套行为约束机制，打破要素割裂、信息壁垒、指挥屏障、行动紊乱等功能阻隔，推动军队网络安全和信息化建设管理形成合力。

（6）流程协同能力。对政治工作、装备、后勤、训练等串行、并行或串并混行的业务流程进行协调管理，使各个环节协调并进、各项资源有序流动。

第三节　军队网络安全和信息化建设指导

适应信息化智能化战争演进新趋势，推进军队网络安全和信息化建设，应紧紧围绕形成提高基于网络信息体系的联合作战能力，着力打造以信息基础设施为依托、以各种平台为节点、陆海空天电融合的一体化立体网，在此基础上，统筹推进网信政策法规、系统装备、信息资源、战场设施、专业力量、人才技术等方面建设，加强各种作战力量、单元、要素的全域贯通和跨域融合，强化全系统全要素联合训练和集成运用，实现网络聚合力量、信息赋能增效、体系支撑行动。

一、指导思想

推动军队网信建设应以习近平强军思想为指导，深入贯彻新时代军事战略方针，坚持机械化信息化智能化融合发展，以网络信息体系为根本抓手，以管理模式转型为基本保证，以全面自主创新为源头动力，统筹应急应变与长远发展，统筹面向高端战争与应对极限施压，顺应技术发展趋势军民融合打造高水平信息网络，应对最复杂困难形势以军为主建强保底手段，全面提高基于网络信息体系的联合作战能力、全域作战能力，为全面建成世界一流军队、打赢未来信息化智能化战争提供坚实基础。

（一）坚持实战化牵引，用体系作战能力拎起建设总纲

实战化牵引，就是要依据新形势下军事战略方针明确的战略任务、战略方向和作战样式，坚持作战需求牵引网络安全和信息化建设，确保网络安全和信息化建设向支撑备战打仗聚焦用力。这是军队网络安全和信息化建设的根本指向，是体现能打仗、打胜仗目标要求的具体表现。实战化牵引，要特别重视紧贴诸军兵种联合作战、跨域联合作战、机动联合作战、要素联合作战、末端联合作战等作战样式，深化对这些作战问题的研究，把未来打什么仗、怎么打仗、怎么打胜仗研究透，把作战任务、作战样式、作战运用研究透，把

能打胜仗的核心标准要求研究透，切实将作战需求细化为网络安全和信息化建设核心能力指标、体系结构和方向重点，为体系建设发展提供根本牵引。

（二）坚持体系化设计，用统一框架规范各领域各系统建设

加强网信建设，必须坚持成体系建设、成体系推进的原则，采取自顶向下设计、自底向上集成的方法，构设全军统一的网络安全和信息化建设体系。从作战应用角度看，核心是要贯通侦控打评的信息链路，能满足各级各领域组织实施作战的需要；从建设管理角度看，其既包括网络信息系统，又包括信息资源开发、信息服务保障，既涵盖装备建设，又涵盖战场建设、力量建设，法规标准建设和训练运用；从体系能力形成角度看，不仅要在物理域着力，也要在信息域突破，更要在认知域上下功夫。在建设的过程中，如果"统"的问题解决不好，网信建设就会无序发展，既造成资源浪费，同时又极大地损害战斗力，因此网信建设从一开始就要按照一个体系、一个框架推进。

（三）坚持工程化推进，用科学方法提升建设成效

网信建设是一个复杂的巨系统，其宏观性、整体性、综合性日益突出，对建设管理提出更高的要求。工程化推进是综合运用系统科学方法和工程技术手段，解决复杂系统建设管理问题的有效方式，能起到优化设计、优化管理、优化控制的作用。发达国家军队特别是美军信息系统建设经验告诉我们，坚持工程化推进原则，按照总体上统筹设计、项目上协同展开、过程上建管并重、成果上综合集成、目标上滚动发展思路开展建设管理，已成为网信发展的破题之笔。运用这一方法，核心是作战人员、科技人员和指挥员绑定开发，反复研究与实践深化对作战需求的理解，并在网信系统装备

设计、开发、生产、运用的全寿命全过程中，边试验、边使用、边完善，通过实施工程化的质量管理和过程控制，来实现功能的不断完善和需求与技术的契合。

（四）坚持服务化应用，用集约化方法提高资源运用水平

服务化应用，其实质是为满足联合作战、非战争军事行动和日常战备行动需要，依托网信，为用户提供接收、处理、查询、存储、安全等综合化、多样化、精准化的信息服务，满足不同用户的信息需求。其根本目的是通过建立强大的信息服务保障系统和机制，引接、聚合、萃取、分发和利用湮没在广泛、零散海量信息中的高价值信息，为指挥员指挥决策提供全方位的信息支持，以达成决策优势和行动胜势。实践证明，信息的价值在于运用，信息的生命来源于服务。联合作战要求精兵行动、体系保障，要支撑联合作战行动，实现服务化应用，必须采取服务化保障模式，这也是当前国家网信建设的普遍做法。因此，借鉴当前主流做法，推行服务化应用，精简前台，厚实后台，促进网信好用、管用，使其真正成为新质战斗力生成的源泉和基础。

二、建设原则

军队网络安全和信息化建设指导原则，是规范军队网络安全和信息化建设实践活动时应遵循的基本准则，是军队网络安全和信息化建设指导思想在实践活动中的具体体现。为使军队网络安全和信息化建设的主观指导符合客观实际，依据习近平新时代中国特色社会主义思想特别是强军思想等一系列重要指示精神，着眼军队网络安全和信息化建设发展需要以及现代战争的发展趋势，确立以下原则。

（一）服务打仗、支撑打赢

秉持"用户至上、竭力而为、优质高效"服务理念，突出以强敌为主要对手的军事斗争准备，打仗要什么就紧前建什么，体系缺什么就重点补什么，战场在哪里就布局到哪里，确保各项建设和资源向备战打仗聚焦用力，持续突破网信短板弱项，支撑联合作战体系高效运转。紧盯向强制强根本指向，科学安排实战能力超常攻坚与前瞻设计先手预置，坚持放管服一体、战建备协同、统分合有序、老旧新衔接，拉通垂直能力带动专业领域建设，提取共性要素构建联合信息共享环境，体系集成运用检验备战实战能力，达成网络、数据、系统、安全、应用有机融合，实现应用主导、快速迭代和协同赋能。树立竭力而为服务理念，坚持能力目标导向，延展下沉服务保障重心，加快转变单纯行政管理方式，强化网信统筹共享服务，开展主动服务、跟进服务、精准服务，注重需求侧与供给侧两端发力，抓好战斗力生成供给侧改革，大力培塑平战结合、高度敏捷的网信快速响应能力，推动网信建设由交钥匙交产品向给条件送服务转变。

（二）体系统筹、协调推进

始终把建体系、用体系、强体系作为根本导向，以体系贡献率、体系融入度为刚性标准，按照网信总体架构，保持各军兵种各业务领域相互协调、各战略方向和重大安全领域关联策应、建设运用管理整体联动，确保体系规制要求落地、体系能力生成高效。确立适应网信特点规律的思维理念，强化基本概念认知和建设指导，着力创新决策模式、管理方式和运行机制，加强网信顶层设计引领，归集全军通用需求、统合领域共用需求、放开特色个性应用，营造协同共生环境，落地新技术、催生新力量、培育新生态、释放新效能，开创网信建设高质量发展新局面。

（三）创新驱动、高效迭代

网络安全和信息化是典型的高新技术密集型领域,创新是高质量建设发展的动力源泉。当前,以信息技术为核心的新一轮科技革命正蓬勃兴起,不断催生新的颠覆性技术。下一代通信网络、云计算、物联网、大数据、区块链、人工智能、3D打印和虚拟现实等高新技术概念密集涌现,正孕育着新的重大突破,将不以人们的意志为转移地推动经济社会和战争形态发生深刻变革。始终把技术理念创新、管理方式创新、建设模式创新作为发展动力,高度重视用好用足和滚动完善现有成果,着力培育一批具有体系引领性、创新示范性的重大项目,探索形成新技术及时转化、新装备快速研建、新功能敏捷适配、新应用快速上线的建设运用模式。

（四）安全发展、自主可控

始终把体系安全可靠、运行高质高效作为内在要求,强化内生安全和主动防御,大力推进自主安全、结构安全、可信安全、应用安全和供应安全,有效突破传统安全瓶颈制约体系效能的被动局面,确保强对抗条件下的有效服务和极端情况下的保底能力。既注重发现受制于人的"卡脖子"问题,更要找到原始创新、集成创新、引进消化吸收再创新有效办法,把握军队网信建设对抗性与非合作特征,建立加快推进自主可控的导向和规则机制,聚力突破基础性技术、前沿性技术和颠覆性技术,开发自主协议构筑核心竞争力,坚持内生安全、自主可控、体系防御,防止被强敌技术误导造成战略成本增加。

（五）军地协同、提速增效

始终把依托国家网信优势、融入国家发展布局作为重要途径，加快网信领域国家重大建设贯彻国防要求的政策制度创新，推动军事高端需求溢出效应促进社会经济发展，推动军地基础设施共建共享、优质资源直通复用、协同合作持续深入，确保军队网信发展进入快车道。充分发挥新型举国体制优势，构建网信创新生态集聚区，建立高水平融合推进新模式，实现应融则融、能融尽融、早融快融，促进军队与地方协同演进，同时收拢军队"拳头"，聚焦打赢能力以军为主特色发展，着力在远域"通"、区域"控"、多域"抗"上下功夫，不断提升建设的质量效益。

第四节　军队网络安全和信息化建设重点

网络安全和信息化建设是一项涉及面广、集成度高、整体性强的系统工程，应根据军队信息化发展战略任务和打赢信息化智能化战争的战略要求，遵循信息化体系化建设基本规律，着眼解决制约军队体系作战能力生成的主要矛盾，重点应抓好共用信息基础网络、联合信息环境、节点要素、安全保密、生态环境等方面建设。

一、构建天地一体信息基础网络

信息基础网络是集多种通信传输手段、计算存储资源和信息共享机制于一体，以固定和常态化方式建立的陆海空天一体，无缝覆盖国土及周边地区的信息网络。从战争形态演变和国家安全形势看，军队信息基础网络总体建设水平与打赢信息化智能化局部战争要求还存在较大差距。作为网信的基础支撑，信息基础网络建设应坚持服务作战、服务指挥、服务部队的建设方向，把持续提升联合作战战场信息通信保障能力作为紧迫任务，把巩固加强信息基础网络和支援保障远海、境外、网络战场及新型作战力量作为战略重点。具体如下：

（1）建强基础传输网。包括光缆通信网建设、短波通信网建设、卫星通信系统建设和空基通信系统建设。

（2）优化公用承载网。主要是基于软件定义网络（SDN）、5G核心网、IPv6等网络新技术军事应用，形成逻辑结构统一的承载网络环境，用于统一承载各种信息传输分发和处理业务。

（3）加强移动通信系统建设。依托国家移动通信技术发展和建设规模优势，在4G基础上，加快5G技术应用，建立集话音、数据、手机电视、移动视频、高速数传等多媒体宽带业务于一体，可广泛应用于网络指挥、电子军务、个性化服务，乃至对武器平台和综合保障系统实施无线控制等功能于一体的，服务于指挥员和单兵使用手持式的机动保密指挥控制平台。推进移动通信系统和功能由传输平台向指控平台的拓展，实现移动通信系统与指挥控制系统深度链接。

（4）夯实最低限度通信保障。根据应对高烈度战争需要，特别是抗击核袭击和实施核反击作战、空天防御与进攻作战需要，以提高空地一体抗电磁干扰和核电磁脉冲防护为着眼点，加快建立陆基、天基、空基最低限度通信系统，确保系统反应敏捷、部署展开快速、通用性强，形成固定、机载、舰载、潜载和星载一体、多手段运用的能力。

二、打造联合信息共享环境

联合信息共享环境是指依托信息网络，搭建能兼容各类基础、专用和通用信息的服务系统，提高信息质量和战场态势感知共享能力，实现各类信息资源融合共享，为基于作战体系的联合作战提供全流程信息服务支撑的信息活动支撑平台。联合信息共享环境是网信的基础支撑，上接信息系统应用，下连各类信息基础网络，处于承上启下的枢纽位置。应充分发挥信息资源对联合作战的主导作用，按照信息流转和体系运转最优化要求，统筹优化信息服务设施、加强大数据建设发展、建立健全信息资源按需共享机制，为军队各类作战行动提供实用好用管用的信息共享支撑。为构建适于信息高效流转的网络信息体系，应重点加强信息服务设施、大数据、信息安全、法规制度和共享共用机制等方面的建设。

（1）统筹优化信息服务设施。按照整体建设思路，同步筹划建立各级信息服务中心，以及各专业综合信息服务中心，为军队各领域各单位提供安全可靠的机房环境、系统托管、数据存储和容灾备份服务。为各类信息服务系统提供统一管控、灵活调配、高效使用的运行承载环境；部署应用支撑服务、共用服务、安全保密等系统，为各类用户提供共用服务。

（2）推进军队大数据建设应用。大数据蕴含大价值，即通过对海量数据的深度挖掘和科学分析，发现新的知识、新的信息，从而创造新的价值。摸清大数据的发展规律，推进各项配套要素综合统筹，大力推进军队大数据建设应用，实现大数据建设和联合信息共享环境的发展协调同步。

（3）推进联合数据信息共享共用。信息共享能力能够真正消除"信息孤岛"，通过搭建数据共享平台、规范数据建设标准、建设共享数据库、建立统一数据词典和规范信息服务等措施，实现海量信息资源的有效整合和按需的个性化信息服务，实现信息资源的融合共享和有效利用。

（4）健全联合信息共享环境运行法规制度。联合信息共享环境运行法规制度是促进信息服务活动正规化、科学化、有序化的保证。要在准确把握联合信息共享环境特点规律的基础上，尽快建立健全涵盖联合信息共享环境顶层规划文件、组织运用规范、训练考核大纲等的联合信息共享环境相关政策法规体系，为军队信息服务建设发展提供有效的制度保障，助推军队信息服务能力建设快速、持续、有序、健康发展。

三、建设松绑解耦的节点要素

节点要素是作战体系内具备特定功能、可遂行作战任务的应用信息系统、信息化主战武器平台、无人智能作战系统、新概念武器等作战实体的节点化形态，是联合作战体系中发挥作战效能的基本载体和因子。节点要素通过将作战力量节点化，使作战力量能够成为网络中的节点、体系中的节点，成为构建作战体系的基础单元。将节点要素进行松绑解耦，通过人工指挥或程序控制可以形成一张位置高度分散、部署灵活机动、功能动态组合的弹性作战效果网。这种解耦合型的节点要素一方面能够有效提升战场适应能力，以应对更多不确定性，另一方面极大地增加了敌方决策的复杂度。

（1）加快应用信息系统迭代升级。应用信息系统是以指挥控制系统为核心，包括侦察预警、指挥控制、精确打击、综合保障和日常业务等要素，实现指挥信息获取、处理、利用，保障指挥员及其指挥机关对所属部队与武器系统实施高效指挥控制的信息系统的统称。应用信息系统的建设应以基于作战体系的联合作战、全域作战能力生成为牵引，着重研究一体化联合作战下的军事需求、典型作战样式和作战平台信息交互需求、交互关系、信息特征等，采用一体设计、滚动发展的管理模式，着眼情报侦察、指挥控制、精确打击、综合保障链路纵向高效贯通，横向精确协同，加快应用信息系统迭代更新，提升信息延伸和应用水平，支撑未来大规模一体化联合作战。

（2）推进信息化主战武器平台联网入云。信息化作战平台，是指大量采用信息技术的坦克与装甲车、火炮与导弹发射装置、作战舰艇、作战飞机与直升机等各类武器载体。它们通常装有大量电子信息设备，如一体化传感器、电子计算机、信息化弹药、自动导航定位设备等，集成了光电技术、新材料技术、新能源技术等众多高新技术，具有较强的探测、识别、打击、机动、定位、突防和隐身等综合能力。信息化作战平台主要包括陆上信息化作战平台、海上（水下）信息化作战平台、空中信息化作战平台、太空信息化作战平台以及无人智能作战平台。未来要打通信息化主战武器平台全面进入作战单元的信息链路，所有信息化主战武器平台都成为网络节点，互相联网共享信息。根据梅特卡夫定理，网络的潜在价值（或效能）与网络中节点数量的平方成正比。当网络节点达到一定数量规模后，作战体系的涌现力更强，整体作战效能将呈指数倍增。要以信息化主战武器平台间协同控制为基础，提升在陆海空天和网络电磁空间的协同任务能力，有效缩短从发现、辨别、决策到行动的快速性、精确性。

（3）提升精确制导弹药智能能力。精确制导弹药是采用精确制导技术，具有较高命中精度或直接命中概率大于 50%的火力打击武器。精确制导弹药有的自成火力单元，有的则装备在飞机、舰艇、坦克、装甲战车等作战平台上，有的甚至可由单兵操纵发射，通常具有较强的精确打击和抗干扰能力。精确制导弹药主要包括三类：制导炸弹、导弹及制导炮弹与火箭弹。未来要大力发展智能型精确制导弹药，将情报、监视、侦察功能与火力打击能力融为一体，实现发现即摧毁。主要通过在精确制导弹药中嵌入智能控制模块，利用目标的声波、无线电波、可见光、红外、激光和气味等特征信息，可使其在短时间内分清敌我目标，并做到首发命中，提升其自主发射和自主攻击目标的能力。

（4）加紧新概念武器研制。新概念武器，是指有别于传统武器杀伤破坏机理和作战方式的武器。新概念武器主要有定向能武器、动能武器和电磁脉冲武器。新概念武器的高科技含量大、技术难度高、探索性强，应加强对电磁、微波、等离子体等技术的新机理研究，在新概念武器研制上取得更多突破性进展。

四、筑牢安全保密防线

按照内生安全强基、主动防御铸盾的思路，采取安全保密与各项建设同步规划、同步设计、同步实施、同步形成能力的模式，统筹推进安全保密基础设施和共性服务建设，加快网管、安管、密管联动组织，重塑军事信息网络防御体系，形成应对强敌的整体防御能力。

（1）强化安全保密基础服务。重点加强军事信息系统安全保密一体化研制建设，提升装备高速集约、协同捷变能力，突出完善网络加密、创新应用加密，建设部署发展满足大容量传输和云服务要求的高性能密码设备，补齐新兴领域安全保密装备短板。发展网络化智能化密码管理手段，构建有线无线相结合、机动固定相结合、量子密钥和传统密钥相结合层次化、多样化密码管理保障管理通道，打通密码管理全程链路，持续提升密码资源全球安全分发、敏捷保障能力。建设统一网络信任基础设施，面向网络空间实体推行统一身份标识，提供身份认证、授权管理、责任认定等服务，强制推行实名上网用网，实现人员受控入网、设备受控互联、软件受控访问、数据安全共享。

（2）增强网云内生安全能力。突出军民融合构网、天地立体组网、网云一体联动，组织信息网络安全保密手段建设升级和整改加固，优化网络体系安全架构。突出基础软件供应渠道安全把关，规范操作系统等基础软件采购引进和上线发布渠道，推进指挥网系操作系统和基础软件安全功能定制增强。突出数据信息分级分类全寿命安全管控，运用新技术促进数据治理模式创新，发展符合内生安全要求的数据安全标识手段，构建数据安全治理体系，保证数据源头可信、秘密可保、内容可证、去向可控。

（3）构建网络防御对抗体系。建立多级网络安全防护中心，构建整体联动的军事网络防御阵地。集成建设全军网络安全监控预警体系，加快建设覆盖基础网络、关键节点和各类用户系统的安全监测手段，汇聚安全防护和密码管理数据，打造"军事网络安全大脑"，提升网络敏捷感知、态势管控、高效响应能力。建设智能化网系安全运行管控体系，贯通运行监控数据通道，推动各类业务应用网系纳入全网统一安全监管，完善安全评估和应急响应手段，配套建设网络安全攻防训练和网络防御能力评估环境，提升业务联动处置、事件协同响应和强对抗条件下降维捷变能力。

五、塑造向强向好的生态环境

军队网络安全和信息化生态环境是对军队网络安全和信息化起支撑和保障作用的环境和条件的统称，包括军事理论、法规标准、体制编制、关键技术储备、人才队伍、军队网络安全和信息化文化、信息基础设施等。深刻把握网信全域渗透的特点规律，与各领域理论、法规标准、人才、技术、文化等建设相衔接，全面提升网信发展软实力，推动信息"化人""化物"向纵深发展，为基于网络信息体系塑造作战指挥体系、迭代武器装备体系、优化力量结构体系、融合综合保障体系打造生态基础。

（1）深化理论研究。深入开展强敌网络与系统建设运用现状和未来发展趋势问题研究，为我基于体系对抗视角开展体系建设提供借鉴。拓展完善军队网信理论框架，成体系设计和开展网信领域重大问题研究，形成有深度和参考价值的研究报告。

（2）健全法规标准。制定军队网络安全和信息化相关指导性法规制度文件，加快推进网信领域政策法规立改废释工作，不断健全完善网信法规制度体系。持续迭代和发布强制标准规范集，以成熟、先进、详实、可测、自主为导向，选用和制定标准，建立标准入库认证机制和标准物化产品名录。

（3）加强关键技术储备。挖掘量子信息技术在军用传感、探测、计算等方面的优异特性，布局量子磁探测、量子惯导、量子时频传递、军用量子计算、量子成像、量子通信和量子网络等技术攻关发展，推动量子信息技术的军事应用与新质作战能力生成。探索区块链技术在军事网络安全体系中的创新应用研究和试点验证。

（4）建强人才队伍。加强网信人才力量建设，应按照结构合理、规模适当、功能多样、便于指挥的要求，优化网信力量结构；着眼填补空白、要素融合、支撑发展的要求，重点加强新型网信支援保障力量；坚持军民融合、借势借力、挖掘潜能的原则，大力拓展后备力量来源渠道；注重扩大规模、突出重点、紧贴岗位的要求，努力培养大批高素质网信人才，为网信建设发展奠定人才基础，为生成和提高基于网络信息体系的联合作战能力、全域作战能力提供智力支撑。

（5）提升军事训练信息化水平。探索"科技+""网络+"等训练方法，推动练兵模式尽快转到基于网络信息体系的一体化联合训练上来。加强军事训练数据资源开发利用，加快实现对全军训练态势的实时监控与管理，提升院校教学和职业教育平台服务能力，为战训一体、体系练兵的军事训练体系提供支撑。

（6）强化自主可控。着眼解决核心技术受制于人、高端产品有缺失等突出问题，依托重大工程加快推进网信领域自主保障能力建设，科学布局量子技术、微系统、智能计算芯片及软件等前沿发展方向，推进自主芯片及操作系统适配应用环境构建和试点建设，加强自主可控军队专用网络规模应用和生态建设，加快在用网络信息设备国产自主替代，推动武器系统嵌入式计算平台实现标准化、系列化。

（7）培塑网信文化。突出加强网络安全宣传教育，落实党委网络安全责任制，强化各级网络空间敌情意识和网络安全素养。面向全军特别是基层部队，打造网信门户网站，构建网信知识图谱，建立各类 APP 应用开发申请和审核发布机制。

第五节　军队网络安全和信息化建设主要抓手

军队网络安全和信息化是一项长期的、动态的、不断发展演变的复杂活动，其建设内容随着联合作战对网信建设不断攀升的需求而渐进完善，也随着我们对网信实践认知的推进而不断深化。军队发展从机械化到信息化再到智能化，在不同时期建设抓手都有所不同。2014 年 7 月，习主席站在信息时代的高度，首次提出网络信息体系这个创新概念，在其后一系列重要会议上，习主席从特征、内涵、形态、能力等多个维度，先后多次强调网络信息体系相关建设运用问题，并强调指出"要以军事斗争准备为龙头带动信息化建设加速发展，以网络信息体系为抓手，推动军队信息化建设实现跨越式发展。"习主席重要论述，既揭示了信息化的形态本质，又拎起了可感可触的推进抓手。

一、网络信息体系的本质内涵

理解认识网络信息体系首先要从作战上看，不能将网络信息体系简单等同于网络、系统、数据的集合，而是要从构建作战体系、支撑作战行动的角度理解其本质要求、属性定位和形态特征。

（一）网络信息体系是信息化作战体系的基本形态

网络信息体系是信息化作战体系的基本形态，是运用信息技术的渗透性和联通性，融合各种作战力量、作战单元、作战要素构成的有机整体。作战体系由相互依存和相互作用的各种作战力量、作战单元、作战要素组成，伴随着战争形态、技术条件、作战体系能力的主导因素而不断发展演进。冷兵器时代作战体系能力的主导因素是刀剑支撑下人的体力技能延伸，机械化时代主导因素是能量支撑下的火力和机动力，信息化时代主导因素是信息支撑下的能量精确释放。信息化作战体系与传统作战体系最本质的区别，就是每个要素不仅仅是从体系里获得能力，更重要的是为体系贡献能力，把所有体系要素的能力挖掘发挥出来，形成群体性的能力涌现。传统意义上的信息系统只是为作战体系的战斗力生成提供基础技术条件，更加注重的是先进技术的平台应用，提供单一服务设施和服务能力，而网络信息体系提供的是信息化作战体系的物化载体，更强调体系构建要素的优化配置和要素之间的融合支撑，能够按照体系架构的内在基因不断生长演进。网络信息体系在继承传统信息系统建设成果的基础上，采取体系化的思想理念，以顶层规制为引领，以体系化作战运用为指向，将战场上的各类指挥机构、武器平台、作战分队甚至作战系统，通过数字化映射和入网运用转变为体系的节点要素，各类作战条令、交战规则通过数据模型算法融入体系能力生成全过程，在指挥员统一指挥控制下高效遂行多域精确作战任务。

（二）网络信息体系是打赢信息化战争的核心支撑

网络信息体系是多个单元、多类要素、多域力量和多种系统的动态组合，涵盖信息基础网络、指挥信息系统、信息化武器装备，以及陆海空天电网等不同领域的作战力量及其相互关系，通过聚合调用军民资源、全域覆盖军事实体、全程融入军事活动、全面运用军事知识、高效释放体系效能，达成即时聚优、敏捷适变、抗毁顽存的体系作战能力，为打赢以强敌为主要对手的具有智能化特征的信息化局部战争提供核心支撑。从体系构建视角看，这种支撑是内在的，犹如骨骼、神经、肌肉等对人体的作用，起着基石、底座和环境支撑作用，在信息化作战体系运行中发挥着不可或缺的主导作用。从能力生成视角看，这种支撑不仅体现在联合作战能力直接基于网络信息体系能力生成，还通过网络信息体系能力的倍增引发联合作战能力跃升。比如，联合作战的侦察情报、指挥控制、信息保障等能力直接依赖于网络信息体系能力建设，联合打击、综合保障等能力在网络信息体系能力的支撑下，实现信火一体、精准保障等能力提升。

（三）网络信息体系是网络中心、信息主导、体系支撑的复杂巨系统

网络中心，集中表现在信息化作战体系是一个基于网络提供的数据、算力、联接而形成的相互关联的有机整体，各类作战力量、

作战单元、作战要素能否入网用网、在线运行，能否通过网络贡献能力和获取能力，成为衡量体系建设成效的关键指标。信息主导，集中表现在始终把信息作为制胜的主导性资源，信息力在战斗力生成中发挥决定性作用，通过信息流控制物质流、能力流，从机动力、火力、防护力等维度对作战体系进行拓展，实现快速识别、高效决策、精确打击和准确评估，在加快侦控打评闭环时效中获取行动优势。体系支撑，集中表现在通过累积数据资源、传承作战经验、孕育智能生长，不断丰富完善安全可靠的军事数字化运行空间，实现多种元素、多种类型、多种层次的作战资源和环境要素的有效融合，促进联合作战体系能力持续提升。理解和把握网络信息体系这个复杂巨系统，是用网络信息体系构建作战体系、塑造装备体系、优化管理体系的关键所在，是新时代推进军队现代化建设的新理念、新形态、新范式。

二、网络信息体系的能力特征

网络信息体系能力是联合作战能力在数字空间的映射，具有即时聚优、敏捷适变、抗毁顽存等典型特征。

（一）即时聚优

网络信息体系通过数字空间将时域、空域、频域、能量域统合起来，把任务所需的火力、机动力、信息力有序组织起来，在特定的时空聚合体系能力、形成战场局部优势。实现多源情报信息的融合共享，对敌作战体系进行全方位"扫描"，运用网云融合的强大算力，精确分析强敌作战体系短板弱项，瞄准要害关节制定作战方案预案，准确捕捉"窗口"，夺取即时优势，为作战力量、作战单元、作战要素提供统一的时空基准、态势感知、任务规划、指挥控制、协同规则，结合具体作战场景，实现基于作战任务的聚优时机自主评估、聚优目标自主确定、临机协同自主实施、协同冲突自主消解。跨域聚链成网，将分散孤立的杀伤链叠加重构为全域一体、动态配置、敏捷闭环的杀伤网，依托智能组网实现能力动中拆分、动中调用、动中组合，支撑实现作战力量、作战单元、作战要素由基于隶属关系逐级合成向基于任务的动态重组转变，聚优形成多域一体、攻防一体、信火一体的体系能力，瞄准敌要害节点精准发力，多域联合精准释能，击要瘫体速决制胜。

（二）敏捷适变

网络信息体系具有体系架构动态重组特性，面向信息化作战不同任务、不同对手、不同场景、不同时空，各组成要素能够动态组合、按需适配、随遇接入、及时退出，各要素之间的关系能够随着任务需要实时调整，使作战方式、作战行动更具弹性和灵活性，作战体系具备动态组织性、开放适应性。指挥员能够因敌、因势、因时优化作战体系，消解作战力量、作战要素、作战单元之间的冲突，疏通作战体系的断点堵点，实现体系的动态重组重构。通过为节点要素加载智能算法引擎，赋予节点要素更多动态、自组织权限，能够根据作战需求对各个作战要素、单元模块进行快速重构、协作交互，有效提升作战效能，有力支撑形成高低搭配、有人和无人结合的动态自组织作战体系形态。

（三）抗毁顽存

网络信息体系采用分布式的体系结构，梯次配置的节点部署，自主可控的技术支撑，内生安全的体系防御，具备良好的抗毁性、容错性和韧性。网络信息体系节点要素分散部署、相互接替、柔性重组，去中心化特征明显，可有效避免作战体系一点被毁、整体失能。天空地一体的战场信息基础设施形成规模，保底备份手段配套齐全，联合信息环境基本形成，各级指控系统集成度大幅提高，各作战、保障要素入网协同运用便捷灵活，各类武器平台、作战单元入网铰链安全稳定，关键核心技术实现突破，自主可控技术形成生态，作战体系抗毁顽存能力有效增强。

三、网络信息体系的作用机理

网络信息体系的作用机理是网络聚能、信息赋能、体系释能，抓住了网络、信息、体系三个核心要素及其关系，就创新完善了军队战斗力建设的生产要素和生产关系。

（一）网络聚能

网络聚能，以网络为中心，聚合火力、机动力和信息力，实质是通过网络链接达成能量聚集的效果。这种链接不仅是网络的物理通联，而且是依托泛在互联信息网络，实现依网聚合能力、依网调度能力、依网共享能力。

梅特卡夫定律表明，网络的价值与网络联接的节点数平方成正比，链接入网的节点越多，通过链接汇聚释放出的能力就越多。各类节点要素在泛在网络支持和功能解耦基础上，达成作战人员、机构、装备、设施、物资等安全可靠入网和各类军事业务在线运行，面向任务动态汇聚指挥机构、作战单元、武器平台、战场设施、设备器材等节点要素功能，在作战能力上产生更加多种多样的能力和功能组合，以及能力生成方式。网络化作战体系所有作战力量、作战单元、作战要素都是基于网络开放的，能够使所需资源打破隶属关系约束进行解耦，通过网络化联接实现作战力量结构和功能重组，产生出多维、多域、多态的节点要素组合，有力支撑作战体系高效集成、敏捷响应、整体联动。战场上武器平台获得的目标信息，不仅自身可用，还可注入资源池提供给体系中的其他节点要素，与此同时任何节点要素也都能从资源池按需提取、按需获益，从体系中获取能力，实现自身能力的增效。

（二）信息赋能

信息赋能，用信息去主导，赋能于机械力和指挥决策，实质是信息驱动其他战斗力因子并使其效能产生阶跃。信息是重要的作战资源，信息力就是对信息掌控的能力，表现为全时全域的信息感知、全要素全维度的信息表达能力和信息获取能力，信息力本身就是生产力、战斗力。"信息力+机动力"实现战斗力的跃升或者生成新的战斗力。

基于网络信息体系，信息在侦、控、打、保各链路间充分共享，信息力驱动火力、保障力等，融合生成体系战斗力。信息赋能火力，能够使其走向"精确释放+智能行动"的新形态，通过为火力平台提供目标的精确位置、移动轨迹等信息，极大提升打击精度。信息赋能保障力，能够使其走向"精准定制+池化供应"的新模式，通过共享保障信息，动态掌握保障需求，智能分析保障任务变化，推动保障由被动服务向主动跟进、动态聚优转变。

（三）体系释能

体系释能，靠体系来支撑，实现火力、机动力和信息力动态组合、精确释放，实质是通过体系快速精准释放作战效能。

同步规划、同步决策，实现目标适配、按需释能，是信息化作战精确打击的关键。各级各类作战人员基于网络信息体系，能够实现同步认知、同步规划、同步决策，从而快速建立规划—决策—执行链路，比对手更快更准找到决策中心点、体系支撑点、行动关键点、能力失衡点和潜在风险点，基于任务、基于效果，按需模块编组、组合兵力兵器，高效聚能释能，实现打击行动的步调一致、鼓点同步，更快更准打击敌要害节点、破击敌作战体系。通过提升多维度、组合式、高强度的作战效能，在关键性时间和地点形成对敌优势，实现集中优势兵力，各个歼灭敌人。

第三章 基于网络信息体系的作战运用

基于网络信息体系的联合作战,是在新的时代条件下,以网络信息体系为作战体系基本形态,作战力量整体融合、作战要素高度联动、作战能力叠加互补、作战行动多域联合、作战效能聚优释放,具有智能化特征的联合作战。它是一体化联合作战在新时代的具体体现。联合侦察预警、联合指挥控制、联合攻防行动、联合作战评估、联合作战保障行动通过网络信息体系的赋能来实现联合作战体系的有序运转。

第一节 赋能联合侦察预警

赋能联合侦察预警,是综合运用网络信息体系的全域感知能力和网络通联能力,促进感知信息跨域融合与协同运用,通过侦察预警信息高速融合和快速流动,实现各种侦察预警力量、要素生成能力增量的过程。联合侦察预警是网络信息体系作战运用的首要行动。依托网络信息体系所提供的泛在网络连接、资源灵活调度和智能信息服务等功能,使联合侦察预警的情报需求统筹、计划生成、行动控制、信息传递、融合处理、分析研判、分发与告警呈现自主衔接,实现侦察情报保障紧密耦合联合作战进程,持续保障联合作战指挥、部队交战行动和武器平台作战运用。

一、联合侦察监视

联合侦察监视，是运用各种侦察监视力量和手段，获取情报信息的行动。依托网络信息体系，自动统筹情报需求、智能规划侦察任务、优化生成方案计划、动态调控侦察行动、同步分级融合处理、快速精准分析研判、即时按需分发共享，为联合作战指挥和部队作战行动即时提供准确、聚焦、系统的情报产品。具体如下：

（1）自动统筹情报需求。统筹情报需求，是指各级联合作战指挥机构侦察情报部门围绕保障指挥员筹划决策和部队行动，依托网络信息体系对各级各类情报需求进行汇集、评估和排序。

（2）智能规划侦察任务。侦察任务，是为获取联合作战所需情报而担负的任务，是侦察力量组织侦察行动的基本依据。各侦察情报要素可依托网络信息体系，根据情报需求清单，智能生成侦察任务清单。

（3）优化生成方案计划。侦察方案计划，是在明确总体侦察监视任务基础上进行的，是实施联合侦察行动的依据，是制定联合侦察计划的基础，也是组织筹划联合侦察行动最重要、最复杂的环节。以侦察监视任务清单为牵引，在指挥员主导下，以服务保障联合作战决心实现为目标，确定主要侦察方向、重点侦察目标、重点侦察地（区）域、侦察方式、反侦察行动等，最终优选形成包括侦察力量部署、侦察阶段划分、侦察协同、情况上报通报、侦察保障等内容的侦察监视方案计划。

（4）动态调控侦察行动。调控侦察行动，是落实侦察计划、实现侦察决心的重要环节，由侦察情报部门（要素）会同作战计划、作战控制部门（要素）实施。依托信息网络汇集各种侦察监视平台的位置、状态、能力、威胁等数据信息，生成侦察监视行动"动态图"，供各级指挥员、指挥部门（要素）实时掌握侦察态势。

（5）同步分级融合处理。战场态势融合处理，指在引接多种情报信源的基础上，对所获各种战场情报和战场环境信息进行汇集、印证、叠加生成态势的过程。通过网络信息体系采取分层级、由下至上同步分级融合处理，对收集的原始情报信息进行智能化收集、分类、筛选和汇总，实现情报信息分类融合，使情报信息传输近于实时，并经过自动加密达到安全可靠，生成智能处理的情报产品，实现战场态势"一幅图"。

（6）快速精准分析研判。侦察情报部门（要素）通常在理解指挥员作战意图的基础上，由指挥员主导，按照"确定研判目标—量化要素选择—数据分析处理—综合形成结论"的基本步骤组织分析研判，形成敌情判断结论。

（7）即时按需分发共享。分发共享，是将情报成果提供给用户的活动，也是侦察情报保障的重要环节。构建按需分发、授权共享、分类分级的保障模式，区分目标类型、用户层级和保障范围，统一组织情报成果分发共享，智能生成专题态势图、综合态势图；根据联合作战情报用户不同类型的情报需求，并依据相关规则和实时计算，制定"推送"与"定制"相结合的方式分发共享模式，时敏类情报在上报的同时，可直接通报相关任务部队。

二、联合预警探测

联合预警探测，是运用各种预警探测力量和手段，发现、跟踪、识别和报知敌袭击企图、袭击迹象、来袭目标的行动。依托网络信息体系，实现全维多域战场感知、全时重点跟踪监控、快速精准目标定位、智能全源情报融合、自动自主分级告警，满足联合防卫作战情报保障需要。具体如下：

（1）全维多域战场感知。依托信息网络，通过网络集成功能和组网运行环境，连接广域分布的战场情报侦察平台节点、汇聚各种侦察预警手段，重点将谍报侦察、航天侦察、电子信号侦察、战略预警雷达等力量手段整体运用，构建网络化感知模式，实现战场情报信源"一点感知、全网共享"。

（2）全时重点跟踪监控。综合运用目标活动规律、动向逻辑模型和目标作战能力等专业数据，构建以目标为中心的威胁评估模型，研判敌人作战目标与作战意图，预测其下步行动企图，计算对我方威胁程度，将战场态势信息可视化呈现，供指挥员和指挥机构实时跟踪监控敌方舰机等当面活动情况。

（3）快速精准目标定位。根据我方战场态势、战场环境情况，运用相关传感器对目标进行连续侦察定位，依托网络信息体系，实时掌握我方预警探测平台和敌方重点目标情况，为指挥决策和引导打击提供情报支撑。

（4）智能全源情报融合。按照多源情报融合规则，利用语义分析、特征提取、图像识别等关键技术，将多种侦察探测手段所获取的结构化、半结构化、非结构化和时空基准不统一的情报数据资源，依据有关模型进行数据预筛选和数据关联，融合目标的位置、速度、身份等参数，实现数据匹配、跟踪和目标关联、辨识功能，形成统一的数据共享环境。

（5）自动自主分级告警。基于目标历史活动规律，动态关联动向情报、武器装备、地理环境等情报信息，依托网络信息体系，对现实目标的运动状态、活动区域、编组模式、协同方法等进行综合处理、模拟分类、比对分析，并按照预设的作战威胁告警区域划分、作战威胁分级分类规则，自主分析判断来袭目标威胁程度，自动自主向用户告警，支撑作战决策、引导保障武器平台打击行动。

第二节　赋能联合指挥控制

赋能联合指挥控制，是着眼具有智能化特征的信息化局部战争特点，综合运用网络信息体系的任务规划能力和行动控制能力，通过对联合作战打击和防护任务进行快速规划，对武器系统实施网络化控制，促进决策、控制等信息资源跨域融合与协同运用，实现信息能力转化为决策能力的过程。集中体现在联合作战筹划、联合作战指挥控制、联合作战协同等联合作战指挥的全过程。

一、同步作战筹划

联合作战筹划，是联合作战指挥机构依据上级意图和敌情、我情、战场环境等情况，对联合作战进行的运筹谋划。依托网络信息体系，各级指挥机构同步组织联合作战筹划，实现精确实时研判态势、多级联动定下决心、即时动态任务规划，对联合作战指挥具有极其重要的作用。具体如下：

（1）精确实时研判态势。依托网络信息体系精确实时研判态势，就是以广泛分布于多维战场空间内的侦察、感知和技战术手段为基础，在实时共享战场态势基础上，广泛收集处理多元情报，形成对战场态势的实时感知，进行综合分析和判断，使各级指挥机构达成对战场空间情报信息的联合感知、共同理解和深度把握。未来信息化智能化局部战争中，作战进程大幅加快，战场态势瞬息万变，依托网络信息体系精确实时研判战场态势，是联合作战指挥机构指挥联合作战的重要前提。

（2）多级联动定下决心。作战决心，是联合作战指挥员对作战目的和行动作出的基本决定，在作战构想的基础上充实完善形成。

定下作战决心，就是在理解任务、判断情况的基础上，确定作战构想（或依据上级下达作战构想），确定各部队任务、作战协同原则、各项保障原则、指挥组织原则、政治工作原则等，以及作战发起时间和完成作战准备时限等内容。随着网络信息体系的建立，多级联动同步定下作战决心成为可能，使指挥员运筹决断的及时性和准确性大幅提高。

（3）即时动态任务规划。依托网络信息体系进行联合任务规划，要求联合作战指挥人员及任务部队指挥人员，通过网络分布式的指挥信息系统，进行以规划作战任务及其实现途径为核心内容的指挥活动。网络信息体系中，各级各类作战人员基于"一张网""一幅图""一片云"，拥有了超越战略战役战术层级的、具有 AI 技术后援的、"接近战场真相"的新手段，上下级定下作战决心可以越过军、旅、营甚至军兵种的界限，形成"决策者—决策者"的协作圈子，可通过采取并行、互动的任务规划方式，实现作战计划的纵向贯通和横向融合。指挥员确定的作战决心需要依靠准确、及时、具体、周密的联合任务规划来落实。各级指挥人员要根据既定决心，充分依托网络分布式的指挥信息系统进行异地同步的任务规划和网络资源分配，解决联合作战指挥过程中各级指挥机构对有限作战资源的争夺，组织各作战实体和单元依托分布式网络系统同步参与和理解上级作战任务，并结合本级作战任务快速自主地联合制定作战计划、拟制作战文书以及下达作战命令，使任何一个作战单元和武器平台都能够按照共同的联合任务要求直接完成战役、战术打击行动。

二、实时指挥控制

基于网络信息体系的联合作战指挥控制，是联合作战指挥的重要组成部分，是联合作战指挥员及其指挥机构依托网络信息体系，对编成内部队及其他参战力量进行组织、协调、掌握和制约的活动，是将作战企图、作战决心转化为联合作战行动效果的基本途径，旨在保证指挥高效、协同顺畅、行动有序，其核心是掌握战场情况并督导相关指挥机构和任务部队准确贯彻并实现指挥员决心意图。依托网络信息体系，指挥员及其指挥机关能够全时掌控战场态势、自主协调作战行动、精准控制作战进程，实施高效稳定的指挥控制，促进形成即时聚优、敏捷适变、抗毁顽存的体系作战能力。具体如下：

（1）全时掌控战场态势。战场态势，是战场空间范围内，敌方、我方、友方和战场环境的当前状态和发展趋势。联合态势感知，基于各类侦察、探测、监视等传感探测资源，依托联合信息共享环境，建立作战指挥机构、作战部队、武器平台、传感器间的动态信息回路，及时、准确、全面而有重点地感知战场态势，掌握敌情、我情、战场环境情况变化，分析敌企图并预判敌新的可能活动，是作战实施阶段指挥的前提和基础，是首要并贯穿作战全程的指挥工作。联合作战要求打造天地一体、泛在互联、异构融合、韧性顽强的全军"一张网"，将各类资源联接入网、融入体系，依托指挥手段更加强大的信息获取、传输、处理能力，可以更加全面、实时、精确应对各类指挥信息，从而实现对战场态势的实时掌握。

（2）自主协调作战行动。协调作战行动，是指挥员及其指挥机关针对战场情况变化，运用网络信息体系，调整部队行动和作战方法，加强作战力量之间的协调与配合，是作战实施阶段的重要指挥工作。联合作战，面临强敌军事干预、作战力量多元、作战行动多样的挑战，其任务共同体具有很强的临时性组合特色，但与传统上的指挥对象临时组合相比有了新的改变，主要是注入了统一指挥原则下的分域指挥权限、流程、标准和方法，使各作战单元能够具备较高的独立作战权限,能够顺利、自主地完成指挥主体赋予的战斗任务。通过对作战力量和作战要素内部信息进行关联融合与协同运用,面向任务灵活组织运用、自主协调作战任务,迭代生成基于网络信息体系的联合作战能力、全域作战能力。

(3)精准控制作战进程。作战进程是作战发展的过程,通常按任务、打击目标或主要作战行动划分若干具体阶段,并进一步划分若干时节。基于网络信息体系的联合作战具体的阶段和时节反映了其作战节奏。控制作战进程,是保证指挥高效、协同顺畅、行动有序,确保指挥员作战决心得以贯彻和实现、夺取作战胜利的重要保证,是作战实施阶段的关键指挥工作。联合作战,多方式多方向立体作战,作战目的坚决,作战进程控制要求基于网络信息体系的战场全维感知能力、快速行动能力、高效精确打击能力和有效战场控制能力,从多维战场空间同时对敌作战体系要害部位和关键环节进行精确打击,通过作战能量的快速聚焦释放,快速精确释能加速作战进程。

三、高效跨域协同

未来信息化战场,信息流对于物质流、能量流的聚合与释放起着主导性作用,信息共享网络化是组织联合作战跨域协同的客观要求。依托网络信息体系,链接陆、海、空、天、电、网多维战场空间的各类作战力量和作战单元,实现力量协同聚优增效、空间协同多维聚力、时间协同同步释能、任务协同整体联动,持续推进联合作战高效跨域协同。具体如下:

(1)力量协同聚优增效。基于网络信息体系的渗透性和连通性,根据作战任务与性质、作战企图与需要,结合作战样式与作战阶段的发展变化,以主要作战军团为重点,其他武装力量相配合,信息、火力、机动力相协调，作战力量与保障力量相适应，实现多元一体、优势互补、整体释能的协同效果。一方面，网络信息体系能够融合作战系统，将分散配置的各作战要素、作战单元和作战系统的作战效能实现有机融合。另一方面，网络信息体系能够均衡力量构成，可以科学统筹调整各军兵种力量的比例、结构，形成陆、海、空、天、电、网多维一体、作战要素齐全、功能相互补充的作战力量整体。

（2）空间协同多维聚力。利用网络信息体系纵横贯通、实时共享的信息传输能力，以及各指挥要素互相作用的功能耦合作用，在组织空间协同时能够实现合理划分作战区域，利用网络信息体系，从作战的全局出发，分析不同战场空间特点和区域位置，研究不同空间区域对不同作战力量使用产生的主要影响，科学计算敌我双方可能投入的力量规模及顺序，按作战力量的优长和功能属性确定军队参战力量的运用和部署；动态建立对敌优势，充分利用网络信息体系和多维机动的手段和方法，将分散在各个战场的各种作战要素及效能实时、动态地聚合，形成对敌物理空间适度分散、作战功能相互融合、整体力量聚集增强的战场布势，从而为聚能、释能奠定基础。

（3）时间协同同步释能。信息化条件下作战追求快速决定性作战，对敌实施致命一击，在敌方反应过来之前结束作战。利用网络信息体系，可以使作战流程更加有序，各种作战行动能在时间链条上紧密相联、层层递进、环环相扣，实现动态组合和作战效能动中聚优，使作战部署由静态集中向动态集中转变，由预先集中向随机集中转变，由空间集中向时间集中转变，各作战单元根据共享的战场态势图，及时调整、变换作战力量组合方式和配置位置，形成有利于作战效能释放的最佳力量编组和配置态势，确保把握先机、掌握主动。

（4）任务协同整体联动。作战任务的实现离不开多域行动并行联动，利用网络信息体系"一张网"的联通作用、"一幅图"的共用作用、"一条链"的贯通作用，可以实现各种作战行动紧密配合，实施协调一致的精确作战行动。主要包括察打一体联动、攻防一体联动、信火一体联动等。

第三节　赋能联合攻防行动

赋能联合攻防行动，是相关作战力量依托网络信息体系，通过高效跨域运用作战资源，同步获取战场态势信息，即时聚合多维空间能力，实现决策能力转化为行动能力的过程。

一、精确火力打击

精确火力打击行动，是综合运用各种中远程精确火力打击力量，在信息作战力量支援下，对敌实施火力毁瘫的行动。依托网络信息体系，各类火力打击平台通过引接体系中的传感探测资源发现锁定目标，利用兵力火力资源服务功能规划组织火力打击行动，敏捷构建"杀伤链""杀伤网"，形成完整的火力打击信息闭环，支持实现目标信息同步获取、多维行动即时聚优和联合精打速决制敌。具体如下：

（1）目标信息同步获取。目标信息同步获取，即各类火力打击单元根据作战任务需要，利用网络信息体系的传感探测资源服务功能，调用战场感知资源池中可访问、可控制、可调度的目标信息资源，同步处理研判目标信息，自主选择打击目标。网络信息体系有效连接作战空间内各类武器平台、传感器平台、通信设施和信息网络，实现各类作战信息的纵向、横向传输和双向交互。在分布式联合情报处理机制下，全源战场信息资源分类按需汇聚、分布协同处理，能够打通跨军种目标情报直通链路，统一为各级各类用户提供跨域、端到端的精确目标信息服务，满足战略、战役、战术多层级作战需要的精细化、针对性、及时性目标信息保障需求。

（2）多维行动即时聚优。多维行动即时聚优，就是分布于多维战场空间的各火力打击单元、武器作战平台，利用网络信息体系的辅助决策功能，基于统一的时间基准、空间基准、定位导航授时等资源，科学确定打击目标、打击方式和打击时机，形成自主有度、行动有序、打击有力的跨域打击计划，同步叠加多维空间火力，即时聚集毁伤效果。精确火力打击作战力量在陆、海、空、天、电、网多维空间同步行动，这些行动互为条件、互相关联。网络信息体系通过网络聚能、信息赋能形成体系能力，按需调用和模块组合多维空间的火力打击力量及与之关联的侦察预警、指挥控制、火力打击、信息对抗等作战要素，构建形成面向任务的联合火力打击作战体系，基于规则柔性组合体系内各系统及要素功能，实现多维空间火力打击力量的跨域联动、精准释能、有机叠加和效果聚集，形成即时聚优的全域联合火力打击整体合力。

（3）联合精打速决制敌。联合精打速决制敌，是指基于网络信息体系，综合组网运用远程火炮、攻击飞机、常规导弹、水面舰艇和各类无人武器平台，形成多武器平台协同探测、火力协同打击、打击效果评估等火力协同系统，构建完整的"侦、控、打、评"作战闭环，以突然、猛烈、不间断的火力，全面而有重点地摧毁和压制敌作战体系，最大限度地削弱敌作战能力，夺取战役控制权。网络信息体系具有极高的智能化水平，能够依据火力打击任务需要，依托泛在信息网络和资源共享环境，在不同层级作战编组和有限的战机窗口内，按需调用和灵活组合多维空间的火力与信息资源，通过不同层级、不同范围的跨域联合、即时聚优，有效聚合诸军兵种火力毁伤能力，实现信息增值与能力涌现，有效毁瘫敌作战体系，夺取并保持火力优势。

二、综合信息对抗

综合信息对抗，是为夺取和保持战场制信息权，聚合多元电子对抗和网络空间作战力量，对敌侦察预警、指挥控制、防空反导系统、信息基础设施等网络电子目标，实施干扰、压制、控制、瘫痪等的作战行动。依托网络信息体系，能够根据目标、时间、精度、强度等不同作战要求，依网编组作战力量、依网调用在线资源、依网释放作战效能，形成高度数字化、网络化、智能化的作战体系，通过全域空间内各种信息对抗力量、作战平台的实时反应、快速机动和自主协同行动，支持实现精确敏捷电子攻防和即时高效网络瘫控。具体如下：

（1）精确敏捷电子攻防。精确敏捷电子攻防，即充分发挥电子对抗机动敏捷的优势，基于网络信息体系，精准识别敌电子目标、精确实施干扰压制和实体摧毁，同时保护己方电子信息设备、系统及相关武器效能正常发挥。在网络信息体系支撑下，原本分散的电子对抗侦察、电子进攻和电子防御作战单元、作战平台互联互通、融为一体，频谱资源、情报信息入网运行、按需调配，构建起力量基于网络互联、信息基于网络共享、能力基于网络互补、行动基于网络协同的电子对抗新体系。在这一体系中，侦察感知更加实时、目标识别更加精准、干扰压制更加精确、防御行动更加敏捷，涌现形成即时聚优、精准释能、抗毁顽存的体系化电子对抗能力，有效实施精确敏捷的电子攻防作战。因此，基于网络信息体系的电子对抗过程是空间分散的决策者、传感器、作战部队与武器平台集成为一个高度自适应的综合系统，同步高效完成作战任务的过程；也是优化结构、耦合功能、联动聚能、精确释能的过程。

（2）即时高效网络瘫控。即时高效网络瘫控，即充分发挥网络空间作战隐蔽超脱、作战效能光速可达的优势，在先期预置的基础上，调动网络信息体系中广域分布的网络攻击力量，控制敌网络信息系统和入网实体，或运用多种手段瘫痪其重要信息网络和军事信息基础设施，导致敌局部或全局网络瘫痪。基于网络信息体系，依托泛在互联信息网络、联合信息共享环境等信息基础设施，能够统合分布在不同战场空间和领域的网络作战武器装备、计算设施、数据情报、漏洞等资源要素，通过网络互联、要素重组、功能融合实现网络作战资源的重新配置和服务化共享，构建若干"武器池""计算资源池""漏洞池"，从而形成一个即时动态适应战场快速变化的网络空间作战任务共同体，有效满足网络空间作战即时性、灵活性和有效性的要求，确保顺利达成网络瘫控作战目的。

三、多维兵力攻防

多维兵力攻防行动，是对多维战场空间进行的联合兵力突击和联合防卫作战行动的统称，包括运用各种兵力突击力量，在信息、火力支援下，对敌实施的陆上、海上、空中等攻击行动，以及运用多种作战力量和手段，抵御敌袭击、袭扰、破坏，保卫重要地区、重要目标安全的行动。依托网络信息体系，陆、海、空、天多维空间兵力能够有机融合成攻防作战体系，实现实时态势精确引导、多维行动自主协同、作战行动快速调整、作战力量即时重组，为掌控、推动战局创造有利态势。具体如下：

（1）实时态势精确引导。实时态势精确引导，主要是部队以通用综合态势图为基本依据，根据进攻作战所要夺控目标性质、位置、状态等相关信息，或防御作战时的敌方状态信息，利用网络信息体系的辅助决策功能，快速生成行动任务规划，引导部队向夺控目标攻击或适时调整防御作战部署进行应对。网络信息体系的联合态势感知服务功能，能够基于各类侦察、探测、监视等传感探测资源，获取、处理和发布全面、实时、连续的敌情、我情、战场环境信息，生成快速更新、全维立体的战场态势图，支撑不同层级作战人员判明情况和组织行动。各级指挥机构根据战场态势变化进行态势判断、任务规划和指挥控制，向关键时间、空间精确集中作战力量，引导处于最有利态势的作战单位对敌实施打击。

（2）多维行动自主协同。多维行动自主协同，是指各参战力量以通用综合态势图为基本依据，根据自身担负的作战任务，运用指挥信息系统同步研判生成各自行动计划与目标任务清单，与多维空间的关联作战力量进行密切协作，采取最佳行动方式、战术方法、行动时机和实施地点，对任务目标进行协同攻击。网络信息体系中，指挥规则、协同关系、行动方法等作战协同相关的军事知识都已经完成了数字化建模，转化为任务规划、作战指挥、行动协同等可计算的数据与模型资源，部队可以直接依据规则库中的相关规则进行自主协同。同时，以天基、临近空间、空基、地基、海基节点为基础的天地一体化宽带战场协同网，能够为各类参战力量提供协同服务，使多维战场空间的兵力攻防行动在网络信息体系的支撑下组合成一个有机的整体自主运行。

（3）作战行动快速调整。作战行动快速调整，是指各级指挥机构在网络信息体系的支持下，根据实时战场态势，采取系统辅助决策、任务自动规划等方式，快速调整部队的具体行动计划。作战行动调整需要对计划夺取的目标重新进行分配，对部队的攻防路线进行适应性调整，部队的作战编组也要进行相应改变。网络信息体系的联合行动控制服务功能，基于通信网络服务提供的端端互通支撑，提供战场监视、威胁告警、临机处置、兵力火力控制等功能服务，支持所属兵力精准控制和任务部队自主协同，从而不断加快指挥控制、作战行动的速度和精度，使攻防作战行动根据战场态势即时快速调控成为可能。

（4）作战力量即时重组。作战力量即时重组，是指联合攻防作战过程中根据总体作战任务需要和实时战场态势，充分发挥网络信息体系的态势实时感知、数据自动分析、智能辅助决策和行动自主控制等功能，在作战行动快速调整决策的基础上，对模块化作战力量的作战部署、任务区分进行快速优化，重新组建形成临时性或新的作战编组力量，使作战力量与作战任务始终相匹配。网络信息体系基于统一的服务化标准规范封装作战和信息资源，从而将作战资源的运用与部队编制体制、领导管理关系解耦，配套灵活精准的资源管理手段，形成虚拟化的共享资源池，支撑各类作战力量的即插即用、灵活重组、统一管控和网络化组织运用。在网络信息体系支撑下，参与兵力攻防行动的模块化联合作战力量功能耦合、动态融合，使得作战力量模块间的关系发生了质变，呈现出精干合成、灵敏高效、高度融合的特征，为作战体系由传统的相对固定编组向快速即时重构转变提供了物质基础。

第四节　赋能联合作战保障

赋能联合作战保障，是紧紧围绕联合作战任务，综合运用网络信息体系的综合保障能力和信息保障能力，通过对战场保障资源实时精准配送、对作战信息资源按需按权快速响应，促进保障等信息资源跨域融合与协同运用，实现可视化、精细化、集约化保障的过程。网络信息体系可通过数字化建模、数据生产、在线运用、授权共享，将保障实体、保障关系、保障模式等转化为可入网可识别的数据资源，形成统一数据空间；通过网络互联推动和规范各类保障资源和保障信息入网联网和在线运行，提供实时感知、辅助决策、精确配送、全程可控等支援保障功能服务，实现保障需求快速感知、保障资源精确调配、保障行动全程可控的联合作战保障链。

一、精确测算保障需求

联合作战，参战诸军兵种将与敌在电磁领域、陆战场、海战场、空战场进行激烈对抗，物资器材消耗量大、人员伤亡重、装备损坏多，作战保障任务异常繁重。作战区域覆盖陆上、海上、空中甚至太空，保障空间广阔，必须依托网络信息体系，结合各战场空间保障特点，实时感知保障需求、迅速开展需求测算、按需细化保障任务，力求做到周密细致、资源充足。具体如下：

（1）实时感知保障需求。实时感知保障需求结合作战行动展开，精算细算任务与需求，详尽细致地安排各个作战时节、各种作战行动的作战保障，确保保障行动的体系性、时效性和持续性，包括统筹组织信息编配、准确掌握信息需求和完善信息服务模式。

（2）迅捷开展需求测算。联合作战，特殊恶劣的海峡自然地理环境将严重影响和制约跨海作战保障，作战保障力量，特别是人员、装备、物资不断前送，受伤人员和损坏装备后运，所有保障行动连续交织，作战保障环节多、衔接困难。这些都应提前考虑到保障需求内。

（3）按需细化保障任务。按照保障需求清单，重点分析要完成的保障任务，以及完成这些任务对实现作战目的的影响，形成初始保障任务清单和任务说明。基于网络信息体系，依网聚合各级指挥机构、依网同步分析保障任务、依网评估保障任务，为指挥员定下决心和实施指挥提供作战保障信息。

二、精确调配保障资源

保障资源，主要是指保障装（设）备、保障设施、弹药和被装、给养、油料、卫生和器材等物资及经费。对保障资源的调配，各级指挥机构须依托网络信息体系，联动研判保障情况、分析预设保障重点、统筹调整资源配置，通过网络信息体系控制保障资源的流向、流量和流速，确保保障资源的优化配置和合理使用，实现综合保障效益的最大化。具体如下：

（1）联动研判保障情况。联合作战，战场地理环境覆盖广阔，战场态势变化快、作战保障临机调整多，各级指挥机构、各类指挥人员在不同地域依托网络信息体系进行"面对面"的讨论交流，联动理解任务、判断情况，及时发现和纠正偏差。

（2）分析预设保障重点。在全面分析研判情况的基础上，预想作战保障重点。主要是根据作战样式、作战阶段、作战行动，预想与之协调匹配的保障行动、保障重点。

（3）统筹调整资源配置。联合作战保障，统一调配资源是关键。根据作战行动保障需求，统一筹划调配战场军民各类保障人员、信息网络、后勤和装备保障资源，通过优化资源配置，充分挖掘潜能，形成整体保障效益。

三、精细组织保障行动

联合作战，信火打击、立体攻击、海空封锁、特种破袭等作战行动综合运用、转换频繁，作战保障力量随部队处于相对分散和动态流转中，作战保障行动在多维战场同时或先后展开、连续实施，保障指挥控制对象多、跨度大，关系复杂。依托网络信息体系精细组织作战保障行动，必须做到全程掌握保障态势、依网聚合保障力量、智能调控保障行动，确保形成作战保障整体合力。具体如下：

（1）全程掌握保障态势。掌握战场保障态势是在作战实施过程中，指挥员及其作战保障要素对战场态势和保障进程的整体把握，对部队执行保障计划和保障指令情况的跟踪掌握，是精细组织保障行动的前提，包括采取数据引接、信息订阅、后台推送、逐级获取等多种措施和手段，形成可视的保障态势图，确保指挥员及时、全面、准确地掌握侦察情报保障、信息保障、后勤和装备保障、战场管理情况；对各类保障信息获取、整编、发布、使用和传输、存储，适时分析作战保障需求变更，预测保障态势发展，掌握联合作战保障行动控制的主动权；将战略、战役、战术各级的作战保障力量联成一个统一整体，推进各种保障单元、保障要素高度契合，形成一体化保障能力和态势等。

（2）依网聚合保障力量。网络信息体系能够提供以"网—云—端"为组织架构的作战保障服务云平台，改变了传统的金字塔型保障组织结构，超越隶属关系和军种界限，依网聚合各类保障力量，优化合并保障种类，包括利用信息网络联接分散在不同作战区域的部队、保障力量，促使保障体系整体释能和为各任务部队提供就近保障服务等。

（3）智能调控保障行动。智能调控保障行动是依托网络信息体系的信息网络、信息系统调控各类保障行动，包括依托筹划功能模块临机制定调控计划、利用信息网络实时保持指挥通联，以及实现跨军种、跨领域、跨空间、跨部门的按需组合等。

第五节　赋能联合作战评估

赋能联合作战评估,是指基于网络信息体系动态获取物资消耗、人员伤亡、装备损坏、设施损毁等信息,并通过大带宽、广覆盖、高安全、强韧性传输网的快速流动和交互共享,实现对作战目的达成情况、作战计划执行情况、作战进程发展情况、关键行动实施情况、作战体系运行情况、作战伤亡和损耗情况、战场态势重大变化情况,以及作战保障和政治工作情况等方面作战效果的持续评估的过程。联合作战评估贯穿联合作战全程,涉及网络信息体系的各个方面。基础支撑层通过统一理论体系、规范法规制度、细化标准规范,为联合作战评估提供统一的模式和标准;将各类联合作战活动数字化,为联合作战评估实时提供系统全面、详实准确的第一手作战数据;网络互联层依托覆盖战场多维空间、直通各类作战行动、直达基本武器平台的通信网络,实现联合作战评估的全网同步联动;利用其联合作战评估服务功能,为各级指挥机构提供构想、方案和计划的评估手段,支撑方案计划拟制执行的全程评估工作。

一、网聚融合作战数据

网聚融合作战数据,是指依托网络信息体系,各级指挥机构基于军事活动数字孪生,在融合处理、共享分发战场综合态势的同时,实时跟踪掌握部队行动数据、及时汇总掌握敌情动向数据、全程监测掌握环境变化数据,持续积累形成全网实时共享的作战数据资源,为进行集中综合评估提供基本依据。具体如下:

(1)实时跟踪掌握部队行动数据。实时跟踪掌握部队行动数据，是指各级联合作战指挥机构依托网络信息体系，综合运用态势监控、一线装备数据和音视频信息回传、文电接收、主动查询等各种方法手段，在督导各任务部队按计划实施作战行动的同时，连续跟踪掌握部队行动情况，汇总生成实时的部队行动数据。网络信息体系的全面数字化和网络化，使得作战体系内的相关各要素能够自主开展数字建模、数据生产、在线运用、授权共享，将部队的实体要素、业务活动、规则知识等转化为入网在线的数据资源，形成统一的作战数据空间，实现部队作战行动的全面数字化和网络化。作战行动中，各部队依据实时战场态势图和指挥信息系统，实时掌握所属作战力量的作战行动状态。

（2）及时汇总掌握敌情动向数据。及时汇总掌握敌情动向数据，是指各级联合作战指挥机构依托网络信息体系，自动整合各种侦察预警、空间监视、战场监视手段和情报融合处理系统，连续不间断掌握敌情动态，及时发现重大敌情变化，分析预测对我作战行动的可能影响。任务部队综合运用所属侦察监控力量和一线部队侦察监控手段组成局域情报信息网，实时跟踪敌情动态及重点打击目标变化情况，动态更新本域敌情态势，主要包括敌作战企图、体系状态、部署调整、目标变化、行动征候等相关信息，并将相关数据上传至战场感知资源池。

（3）全程监测掌握环境变化数据。全程监测掌握环境变化数据，是指各级联合作战指挥机构依托网络信息体系，综合运用战场环境监测、部队情况报告、友邻情况通报、历史资料分析等方式方法，全面掌握自然环境、社会环境和信息环境变化，及早发现战场环境重大变化，分析预测对作战行动的影响。任务部队利用测绘导航、气象水文、时空基准等战场环境资源，分别掌握本方向本领域作战相关战场环境变化，主要包括自然环境、社会环境、信息环境等方面的情况变化。

二、实时精准综合评估

实时精准综合评估，是指依托网络信息体系，各级联合作战指挥机构利用面向任务定制具象化数据抽取、转换、关联、挖掘和推理功能，实时快速进行数据计算处理、数据关联组织、数据分析挖掘，在精准分析的基础上全面系统评估作战环境影响、持续实时评估部队作战能力、动态跟踪评估任务完成进度、分类精准评估实际作战效果，为指挥员筹划决策提供依据。具体如下：

（1）全面系统评估作战环境影响。全面系统评估作战环境影响，是各级联合作战指挥机构依托网络信息体系的评估功能，对联合作战相关的作战环境要素进行综合分析评估。基于网络信息体系的联合作战环境包括自然环境和与决策相关的信息环境。其中，自然环境因素包括自然区域和自然因素，信息环境是受自然环境制约并对作战决策有重要影响的物理域、信息域和认知域。平时，联合作战指挥机构应利用网络信息体系的相关功能模块，全面分析掌握本区域作战环境特点，充实网络信息体系战场环境基础资料。战时，对网络信息体系的相关功能模块进行针对性调整完善，对作战环境特点及其对双方军事行动的影响进行全面系统分析。

（2）持续实时评估部队作战能力。持续实时评估部队作战能力，是指各级联合作战指挥机构依托网络信息体系，利用定性与定量、自动与手动相结合的手段，持续实时分析、计算和客观评价所属作战力量的实际作战能力。作战能力评估的对象既包括作战、火力支援和能增强战斗力的有形要素，如火力打击能力、电子对抗能力、反侦察监视能力、空中支援能力、地面炮火支援能力等；也包括许多无形的、难以量化的因素，如军事欺骗、指挥艺术、人员士气和训练素质等。网络信息体系针对不同的评估项目，配套有相应的评估模块和能力评估数据库，能够综合运用定量、定性等不同评估方法进行科学评估。

（3）动态跟踪评估任务完成进度。动态跟踪评估任务完成进度，是指在作战实施阶段，各级联合作战指挥机构基于网络信息体系的联合行动控制服务和信息资源类服务，持续全面跟踪关键行动的展开情况，利用相关评估模块分析评估各作战阶段预期效果的实现情况，为指挥员决策提供支持。网络信息体系的联合行动控制服务，能够基于通信网络服务提供的端端互通支撑，为各级指挥员提供战场监视、兵力火力控制等功能服务，支持对部队行动的实时动态跟踪。

（4）分类精准评估实际作战效果。分类精准评估实际作战效果，是指各级联合作战指挥机构利用网络信息体系的联合作战评估服务，基于海量战场数据信息，区分火力毁伤、兵力攻防、信息对抗等各领域行动，对部队作战行动所产生的实际效果进行综合分析评估。火力毁伤行动，重点评估打击平台、打击目标、战场环境等方面。兵力攻防行动，重点分析部队行动状态、占领地域大小、关键目标位置等信息，从而判断作战部队目前的优势和劣势，为指挥员提供更加科学的判断依据。信息对抗行动，重点是分析对战场信息全时域的掌握程度，形成其对网络信息体系支撑作用的整体性结论。

三、快速智能辅助决策

联合指挥决策服务功能，能够基于基础数据、情报数据和模型规则等信息，提供体系分析、仿真推演和行动规划等辅助功能，支撑各级各类指挥人员完成任务规划工作。完成作战效果分析评估之后，各级指挥机构要根据实时态势调控部队作战行动，需要依托网络信息体系的智能化辅助决策系统，快速生成相应的行动方案。具体如下：

（1）人机结合评估筛选行动方案。基于网络信息体系的联合作战，其复杂性源于各作战要素之间存在大量互为因果或因果环的关系，各作战要素之间相互制约、相互影响，呈现非线性相干特征，这些关系和特征就是复杂网络的内在机理。为了分析这种复杂的非线性关系，寻找最有效方法达成目标，需要构建基于判断的因果网络模型，用计算机手段结合人的经验对各种要素的因果关系进行分析判断。

（2）兵推演示评估分析行动方案。网络信息体系中的计算机兵棋系统，既可用于能力检验评估，也可用于制定作战计划的分析评估。通常情况下，可按照"行动—反应—对反应的对抗"的顺序展开对抗，将初步形成的作战方案录入兵棋系统，按照程序组织兵棋推演评估。评估的内容主要侧重决策指标、兵力需求、时间需求、有利与不利因素、高价值目标和高效益目标、协同方案以及作战风险等。在战中进行作战方案分析评估时，可基于网络信息体系，将实时的敌我双方数据直接录入兵棋系统，以增强仿真评估的准确性与科学性。

（3）矩阵比较评估优选行动方案。在兵棋系统推演评估分析行动方案数据的基础上，利用网络信息体系的"表现评估矩阵"功能比较各个行动方案的优劣，为指挥员提供决策方案选择的最终依据。首先，确定表现评估指标，并进行归一化处理。表现评估指标大多来源于基于网络信息体系的兵棋推演，其结论数据如何运用，需要由评估人员依据系统推演结论和战争经验加以选择。通常可采用消灭的敌军、控制关键地形的程度，以及安全、救援或重建任务完成情况等指标来进行评估。其次，确定定量指标的权重。常用方法有两种：一是简单地给指标赋予权重，各指标具有相同的标尺范围；二是指标和权重分别具有不同标尺范围。再次，比较行动方案。依托网络信息体系的综合分析评估模块将每项评估指标得分乘以各自权重，尔后相加得出该方案最后得分。参谋人员根据总的得分为每个行动方案排序，通过比较有权重和没有权重两种情况，确定最佳的行动方案。

第四章　军队网络安全和信息化战略管理

习主席指出，全军战略管理要坚持目标导向、问题导向、结果导向，着力更新管理理念、提高战略素养，着力健全完善战略管理制度机制，建立健全精准高效、全面规范、刚性约束的军事管理政策制度体系，强化军委战略管理职能，提高系统运行效能。为加快推进军队网络安全和信息化建设，迫切需要实施以效能为核心、以精确为导向的军事管理革命，建立起一套适应信息化战争和履行使命任务要求的管理模式，提高国防资源使用效益，提升军队网信建设和运用效能。

第一节　网络安全和信息化管理体制沿革

战略管理者对于军事活动的领导必须通过一定的组织形式才能实现。战略管理体制就是战略领导与管理的组织形式。军队网络安全和信息化建设战略管理体制，是对军队网络安全和信息化建设全局的领导、筹划与管理的组织形式。军队网络安全和信息化建设战略管理的有效决策、执行和及时协调控制，必须要有一个具有高度权威和强有力的组织领导机构才能得以实现。因此，建设一个科学合理、高度权威的战略管理体制，已成为军队网络安全和信息化建设发展的客观要求，也是军队信息化建设战略管理的内在要求。军队网络安全和信息化建设战略管理体制，是伴随着军队网信建设实践形成和发展，并将随着军队网信建设进程的深化而不断完善。军队网络安全和信息化建设管理体制适应国家网络安全和信息化管理体制的演变，经历了不断健全和完善的过程。

一、以信息化领导小组为核心的战略管理体制

这一时期，主要是 2004 年至 2013 年。我国信息化建设始终在党和政府的强力领导下不断发展壮大，信息化管理体制经历了由领导小组向委员会、由国务院领导向中央领导、由"阶段性工作机制"向固定机构的转变过程，信息化管理职能更加全面、机构更加规范、运行更加稳定、组织更加健全。在经历 1993 年的国家信息化联席会议、1996 年的国务院信息化工作领导小组后，为进一步加强对推进我国信息化建设和维护国家信息安全工作的领导，2001 年成立国家信息化领导小组，国务院总理任组长，同年 12 月召开国家信息化领导小组第一次会议。2004 年 3 月，为加强对军队信息化的集中统一领导，中央军委决定，成立由中央军委副主席任组长的全军信息化领导小组，部门领导是小组的主要成员。组建全军信息化工作办公室（简称军信办）作为日常办事机构，履行主管全军信息化工作的综合性职能。成立全军信息化专家咨询委员会，作为咨询和技术支持机构，在军信办的组织管理下开展工作。接着，全军各大单位相继成立了信息化领导小组，增编了信息化工作办公室和专家咨询机构。军级单位也建立了相应机构。随着全军信息化领导体制与工作机制的形成，通信兵开始由"管通"向"管统"转变，肩负起了信息化建设综合指导与管理的职能。2004 年至 2011 年期间，全军信息化领导小组对全军信息化工作实施集中统一领导，在

制定全军信息化发展战略、方针政策，协调各军兵种、各军区、各总部之间信息化事宜，以及推动跨领域、跨部门的基础性、关键性工作等方面发挥了重要的领导作用。

二、以网信领导小组为核心的战略管理体制

十八大以来，以习近平同志为核心的党中央不断深化信息化领导体制改革，2014 年成立中央网络安全和信息化领导小组，同年召开中央网络安全和信息化领导小组第一次会议。相应地，军队成立了全军网络安全与信息化领导小组。新成立的全军网信领导小组，进行顶层设计和总体规划工作，研究制定军队网络安全和信息化发展战略、宏观规划和重大政策，统筹协调全军各个领域的网络安全和信息化重大问题，推动军队网络安全和信息化法治建设，加强军队层面信息化的领导力。领导小组成立后，先后召开全军网络安全和信息化领导小组会议，筹划部署全军网络安全和信息化工作。

三、以网信委为核心的战略管理体制

2018 年 4 月 20 日至 21 日，全国网络安全和信息化工作会议在京召开，中央网络安全和信息化委员会主任习近平出席会议并发表重要讲话。根据 2018 年 3 月中共中央印发的《深化党和国家机构改革方案》通知要求，作为中央机构的中央网络安全和信息化领导小组，改为中央网络安全和信息化委员会，负责网络安全和信息化领域重大工作的顶层设计、总体布局、统筹协调、整体推进、督促落实。中央网络安全和信息化委员会实行会议制度、请示报告制度、调查研究制度、专项协调制度、审议评估制度、督查问责制度、情况通报制度，保障工作规范有序运行。

第二节　军队网络安全和信息化管理内容

军队网信建设战略管理内容，主要是回答应该"管什么"的问题。由于信息的渗透性、共享性、融合性等特点，使得军队网信建设复杂性十分突出，因此，军队网信建设战略管理内容是一个庞大的体系。其在总体上包括信息化武器装备、信息化后勤保障、信息化人才队伍、信息化教育训练，以及网信基础设施、信息系统、数据资源、安全保密等的管理。结合军队战略管理与军队网信建设实际情况，军队网信建设战略管理的主要内容包括军队网信基础设施建设管理、应用信息系统建设管理、军事设施信息化建设管理、数据资源建设管理、服务内容建设管理、安全保密建设管理和军队网信生态环境建设管理等。

一、军队网信基础设施管理

军队网信基础设施是军事信息传输、处理、安全等所需的各种软、硬件设施和标准规范、政策法规的总和，是确保军事信息快速、准确、安全传输和分发的物质基础。军队网信基础设施是实现军队网信资源共享、发挥军事应用信息系统功能、形成体系作战能力的基础支撑。军队网信基础设施建设，通常包括军队网信共用基础设施建设和通用业务构件建设等内容。军队网信基础设施建设，应当遵循军队网信架构要求，坚持平战结合、军民一体、统建共用，把用户随机随域入网、按需按权获取信息、服务安全可信可靠作为根本目的，按照统一的规划计划、体系架构和标准规范分工组织建设，保证军队网信资源共享共用。

共用基础设施由领导机关统筹指导建设，应重点围绕骨干信息基础网络、计算存储设施和安全防护设施等建设需求提报、技术体制、标准化规范、运行维护实施管理。需求提报，是从军队网信建设的整体需要出发，总结联合作战体系对共用基础设施的军事需求、能力需求和系统需求，采用有效的管理机制来获取、规范需求，同时研究信息技术的现状和发展趋势，分析现有共用基础设施体系、装备、技术和应用情况，找出基础设施保障能力的主要差距和制约效能提高的瓶颈环节。军队通用业务构件建设，应当实行专业化建设，由有关部门按照职责分工统一组织应用开发和统型管理，提供通用化、系列化、模块化组件服务。

二、应用信息系统管理

军事应用信息系统，是以信息技术为主要手段建立的各类作战指挥、军事业务管理、武器平台等应用信息系统，如指挥信息系统、日常业务信息系统等。军事应用信息系统是作战指挥的必备手段，也是军队战斗力的"倍增器"。应用信息系统建设，通常包括指挥信息系统建设、业务信息系统建设和武器平台信息系统建设等内容。应用信息系统建设，坚持用户主导、研建用一体，将系统使用单位纳入系统建设全过程，探索创新以购代研、研制订购维修一体等快速采购和迭代开发方式，建立第三方机构参加设计、测评和验收的机制，保证系统满足作战和日常业务使用需要。应用信息系统部署使用后，应当及时响应用户升级需求，可以安排专门经费采取购买服务等方式予以保障。

（一）指挥信息系统建设管理

指挥信息系统，是以计算机网络为核心，由指挥控制、情报、通信、信息对抗、综合保障等分系统组成，可对作战信息进行实时的获取、传输、处理，用于保障各级指挥机构对所属部队和武器实施科学高效指挥控制的军事信息系统。指挥信息系统建设管理，应当根据联合作战指挥需求，由使用部门主导需求提报和审核，对指挥信息系统建设负有全权责任，全程参与研制建设和评估验收；建设部门按照需求提供指挥信息系统装备保障，现有装备无法满足需求的，由使用部门会同建设部门提出新研、采购等解决方案与建议。

（二）业务信息系统建设管理

业务信息系统建设，应当建立统一的业务模型，充分利用现有成果和成熟技术，与相关指挥信息系统保持接口一致、数据兼容、功能衔接，为日常业务协同提供支撑。通用业务信息系统建设要能够为专用业务信息系统提供统一的平台支撑，业务部门和单位按照职责分工组织本领域本单位专用业务信息系统建设。

（三）武器平台信息系统建设管理

武器平台信息系统建设，应当执行指挥信息系统的技术体制和标准规范，确保武器平台信息系统与指挥信息系统互联互通互操作。

三、军事设施信息化管理

（一）战场设施信息化建设管理

战场设施信息化建设，通常包括作战阵地信息化建设和作战勤务设施信息化建设，主要开展战场设施内部局域网络、显示控制系统、环境监控系统、信息环境、安全防护等建设。网信领导部门统筹战场设施信息化建设，相关部门按照职责分工组织实施相关建设。

（二）营房设施信息化建设管理

营房设施信息化建设，通常包括后方勤务设施信息化建设、试验训练设施信息化建设、办公生活设施信息化建设，主要开展营房设施内部局域网络、显示控制系统、环境监控系统、警戒警卫系统、信息环境等建设。保障部门统筹营房设施信息化建设，各领域负责本领域本单位相关建设。

四、数据资源管理

作战数据是作战信息的载体，刻画的是作战力量、战场环境、武器装备等与作战相关对象的属性、状态，以及对象自身及其相互间在作战全过程中的运动规律，是一种客观存在。数据资源是军队网信建设的基础性、战略性资源，已经成为新的作战要素和战斗力的新动能。没有数据和数据共享，网信就不能运转，作战体系也就无法形成和持续输出作战能力。数据资源建设，通常包括数据采集加工、数据汇聚融合、数据共享应用等内容。数据资源建设，应当遵循军队网络信息体系架构要求，坚持统一领导、需求牵引、开放共享，明确责任主体，强化建设管理，推动数据分析应用与技术创新，提升数据对战斗力的赋能作用。

（一）数据采集加工管理

数据采集加工，应当遵循全军统一的数据标准，按照一数一源、归口管理的要求，建立军事实体、军事活动、军事知识采集清单，结合作战行动、非战争军事行动、演习演练和日常工作，依托业务系统采集整编数据，建立数据标识与安全标签，明确数据共享使用权限，做到应采尽采，构建全军统一的数据空间。军队单位数据资源涉及组织机构、军事人员、武器装备、物资器材、战场设施、战场环境的内容,应当从数据管理主管部门申请获取,不得重复采集,涉及敌情数据的应当由相关业务部门组织多元印证。

(二)数据汇聚融合管理

数据汇聚融合,应当根据作战行动、非战争军事行动、演习演练和日常工作需要,按照军队数据建设运用标准要求,对采集的各类数据进行组织与处理,形成内容完整、语义统一、运行高效的数据资源池。

(三)数据共享应用管理

数据共享应用,应当打破数据壁垒,依托应用信息系统和信息共享技术手段,构建共享平台,完善共享渠道,规范共享流程机制,明确数据共享权限范围。应统筹管理部门组织跨领域跨部门数据共享协调,定期发布数据共享目录清单和主责单位,滚动修订数据共享规则;数据提供单位应当按需开放共享各类数据;数据使用单位严格按照职责权限管理使用相关数据。

五、服务内容管理

服务是指通过规范化表征、对外提供访问地址,并可被重复使用的业务功能或能力单元。在形成体系作战能力过程中,服务是实现各类资源解耦共享、跨域组织运用的关键载体。服务内容建设,通常包括资源服务建设、共用功能服务建设、领域应用服务建设等内容。服务内容建设,应当遵循军队网信架构要求,按照资源虚拟化、功能服务化、应用组合化发展理念,着眼一切皆服务、为服务者服务、一切为作战服务的服务化应用需求,丰富完善服务治理手段，明确服务使用权限范围，规范服务开放共享流程，建立联合共享、全域协同、分级联动、精准保障的服务环境，实现按需调用服务或者主动推送服务，为作战体系赋能增值。

（一）资源服务建设管理

资源服务，是指动态解耦、重构、封装作战资源和信息资源，形成信息资源池，常态化完善全军信息资源目录体系，实现全军信息资源统一管理、依单共享、按权调度的过程或状态。资源服务建设，通常包括作战资源建设和信息资源建设等内容。资源服务建设，应当采用物联网、云计算、边缘计算、软件定义等技术手段，对作战资源和信息资源进行服务化封装，形成虚拟化的共享资源服务池，支持各类资源状态与能力可见可管可控，支撑指挥人员有效实施网络化组织调用。

（二）共用功能服务建设管理

共用功能服务，是指依托信息服务基础平台，为军队提供共性应用功能和通用基础功能的服务。共用功能服务主要是通过规范信息服务基础技术体制和标准，积累沉淀各领域共性应用功能，统一提供跨网跨域跨层级数据通道、服务通道、管控通道，具备安全防护、时间基准、军用报文、图形标绘、基础数字地球框架等通用基础功能。共用功能服务建设管理，应当抽取作战应用和建设管理中各类信息系统共性功能，形成支撑领域应用的共性服务产品，为服务环境提供服务化底座和中枢。

（三）领域应用服务建设管理

领域应用服务，是为作战指挥、情报处理、业务管理等应用领域提供的服务。领域应用服务主要是面向作战应用和建设管理提供服务，直接支撑各级作战指挥机构、任务部队以及业务部门实施多样化军事行动。领域应用服务建设，通常包括联合指挥应用服务建设、军兵种和武警部队指挥应用服务建设、武器平台应用服务建设、业务管理应用服务建设等内容。领域应用服务建设，应当对各级各类业务信息系统进行功能服务化封装，形成领域应用功能服务谱系，支撑指挥机构、作战部队、武器平台、业务部门及相关人员实施作战活动和业务活动。

六、安全保密管理

安全保密建设，主要包括内生安全、体系防御、安全认证、监管处置、网络治理、自主可控等内容。安全保密建设，应当遵循军队网络信息体系架构要求，坚持分级负责、协同联动，坚持安全保密与军队网络信息体系各层级各要素同步设计、同步建设、同步验收、同步投入使用、同步形成能力，完善安全保密工作体系，支撑网络信息防御作战有效实施和军队网络信息体系安全可靠运行。军队单位和个人在网信工作中，应当遵守军队安全保密要求。军地网信协作，应当选择具备相应保密资质的地方单位，健全保密管理措施。

（一）内生安全

内生安全，是指不断从信息系统内部生长出的安全能力，是能伴随业务增长而持续提升的安全能力形成模式,它通过系统、数据、力量的聚合，将安全融入体系设计、建设、管理、运用的全要素全过程。应当将内生安全作为军队网信安全保密能力生成的基本机制，在军队网信各层级各要素设计和实现时，同步明确安全保密要求，提前预留安全保密协议接口，按需嵌入机制流程，灵活组合安全保密装备，高效融合战建备，保障体系安全强健和自主免疫。

（二）体系防御

体系防御，是网络信息防御作战的基本样式，是以抵御强敌网络攻击、确保军队信息优势为目标，连接监测预警、指挥控制、防御执行各个环节，打通预警信息、态势信息、指挥信息、执行信息环路，聚单点防御能力成体系对抗能力，实现敌情我情实时感知，重要点位精准固防，攻击威胁主动寻歼，防御协同敏捷响应。安全保密建设应当贯彻体系防御思想，以密码技术作为军队网络信息安全保密的核心和根基，构建监测预警、指挥控制、防御执行、效能评估动态防御闭环，坚持等级基线防护，加强全网监测预警和各级防御力量统一指挥控制，突出核心要点固防，常态化组织网络安全应急演练，形成面向网络威胁的体系防御能力。

（三）安全认证

应当构建统一的网络信任体系，加强实名入网管控，建立网络信任强制运行机制和网络数据安全保护制度。网络中的各类人员、设备、软件等要素实体，必须通过统一身份认证实名入网，建立统一的网络身份认证、授权管理和责任认定基础设施，实现跨网络、跨区域、跨部门数据资源的互联互通和共享访问控制，为人员可信入网、设备可信管控、软件可信认证、业务安全交互提供服务支撑。

（四）监管处置

应当建立网络安全监管处置机制，推进预警监控手段建设运用，建立健全网络安全保密值勤运维机制和应急预案，加强入网审批、使用管理、应急响应、督导巡查和漏洞监管，组织开展威胁遏制、威胁清除和防御恢复等行动，建立健全安全保密检查整改制度机制，定期组织会商和整改情况通报。

（五）网络治理

应当加强网络涉军生态治理，完善情报、舆情、保卫联合监测处置机制，推进网络违规违法行为预警监控手段建设运用，强化互联网涉军舆情监控引导，排查清理网络平台风险隐患，纠治军队人员违法违纪上网行为，打击涉军违法犯罪活动，巩固拓展网络舆论阵地，主动塑造夺取对敌意识形态斗争优势。

（六）自主可控

自主可控，是指不断从信息系统内部生长出的安全能力。军队网信安全保密自主可控是能伴随业务增长而持续提升的安全能力形成模式，它通过系统、数据、力量的聚合，将安全融入体系设计、建设、管理、运用的全要素全过程。贯彻自主可控发展要求，开展建设时应当选用自主可控技术、购置军队或者国家自主可控认证目录产品。自主可控信息安全产品，应当通过军队信息安全测评认证。暂无国产自主可控技术和产品可供选用的，必须经主管部门批准，方可选用符合安全要求的其他技术和产品，条件具备时必须及时改用国产自主可控技术和产品。

七、军队网信生态环境管理

军队网信生态环境，是支撑军队网信建设与发展的各种保障条件和环境的统称。军队网信生态环境建设，通常包括军队网信理论建设、政策法规建设、标准规范建设、人才建设、科技建设、文化建设等内容。军队网信生态环境建设，应当遵循军队网络信息体系架构要求，坚持体系推进、竞争发展、协同演进，推动系统自适应自生长、入网在网用网、主动提供使用数据，从源头上构建网络安全和信息化发展的良好生态，提升军队网信工作持续发展软实力。

（一）军队网信理论建设管理

军队网信理论，是着眼建设世界一流军队和打赢信息化战争要求，对网信内涵特征、制胜机理、建设管理、作战运用、能力评估等探索、规制与实践形成的理论体系。军队网信理论是网信建设的先导和重要基础，建设重点包括指导理论、基础理论、技术理论、应用理论等。军队网信理论建设，应当坚持以现实问题、创新问题和战略性问题为主攻方向，阐释网信发展指导理论，创新网信发展基础理论、技术理论、应用理论，为军队网信工作提供理论支撑。

（二）军队网信政策法规建设管理

军队网信政策法规，是依据国家相关政策法规和军队政策法规、条令条例，对网信建设、训练、运用、管理等政策法规的探索、规制与实践形成的政策法规体系。军队网信政策法规是网信建设的基本遵循，建设重点包括综合类法规制度、建设类法规制度、训练类法规制度、运用类法规制度、管理类法规制度、人员类法规制度、军民融合类法规制度等。军队网信政策法规建设，应当贯彻依法治军战略，坚持与国家法律体系建设进程相协调，与军事法规制度体系建设相同步，加强统筹设计、突出紧缺急需、推进滚动迭代，提高立法质量，增强立法系统性、整体性、协同性，为军队网信工作提供法制保障。

（三）军队网信标准规范建设管理

军队网信标准规范，是军队网信建设实践必须遵守的准则和规定。军队网信标准规范是开展网信建设运用的基本规则和准则，具有刚性约束性，建设重点主要包括网信总体标准、资源要素标准、网络互联标准、基础服务标准、安全保密标准、应用功能标准、人才建设标准等。军队网信标准规范建设，应当按照战建并重、体系完备、衔接配套的要求，及时制定修订网信标准规范，常态化开展贯彻标准、运用标准工作，适时组织监督检查，为军队网信建设提供基础支撑和规则约束。

（四）军队网信人才建设管理

军队网信人才，是着眼建设世界一流军队，对网信人才类型、结构、素质、能力等方面的探索、规制与实践。军队网信人才是网信建设的重要保证，建设重点包括网信指挥管理人才、组织运用人才、专业技术人才等。军队网信人才建设，应当贯彻新时代人才强军战略，把培养网信人才纳入人才建设总体规划，完善人才考评和奖励政策措施，选拔使用干部应当把网信素养作为重要依据，走开军队院校教育、部队训练实践、军事职业教育和依托国民教育相结合的路子。

（五）军队网信科技建设管理

军队网信科技，是着眼建设科技密集型军队，对网信相关国防科学技术的研究、运用、推广等方面的探索、规制与实践。军队网信科技是网信建设的技术支撑，建设重点包括网信科技发展战略、网信发展前沿技术、网信装备发展关键技术等。军队网信科技建设，应当依托国家创新体系构建网信科技体系，聚力突破关键共性技术、前沿引领技术、现代工程技术、颠覆性技术，加快新技术新理念在军事领域的转化应用，为军队网信高水平持续发展提供技术支撑。

（六）军队网信文化建设管理

军队网信文化，是着眼建设中国特色的人民军队，对网信建设运用相关的指导思想、价值观念、思维方式、伦理道德、传统文化等方面的探索、规制与实践。军队网信文化是网信建设的特色特征，建设重点包括思想教育、舆论引导、文化熏陶、典型示范和实践养成等。军队网信文化建设，应当大力培塑信息主导的价值观念、系统集成的思维方式、协同共享的行为模式、与时俱进的创新精神，抓好思想教育、舆论引导、文化熏陶、典型示范和实践养成，鼓励官兵参加微创新、竞赛、论坛等活动，提高官兵网信素养，推动形成与网信发展要求相适应的军事文化。

第三节　军队网络安全和信息化管理链路

按照习主席指示，要完善"需求—规划—预算—执行—评估"的战略管理链路，推进以效能为重点的军事管理革命，提高军队专业化、精细化、科学化管理水平。军队网信建设战略管理链路，是军队战略管理在网信建设领域的细化与展开，根据军队网信战略管理的内容，主要包括军队网信建设需求、网信建设规划、网信建设执行、网信建设评估等。

一、军队网信建设需求

军队网信建设需求，是军队实现网络安全和信息化战略目标所需能力条件的综合要求，主要反映军队网络安全和信息化现实能力与未来打赢目标的差距。军队网信建设需求是战略管理链路的源头，是贯彻军事战略、实施战略管理和开展网络安全和信息化建设的首要环节，是网信发展规划的前端依据，对网信战略管理链路其他各环节具有牵引约束作用。

（一）军队网信建设需求生成

军队网信建设需求生成，是运用系统工程方法，通过对战略环境的研判、使命任务的分析、作战场景的构设、作战能力的评估、作战体系的架构，从而获得科学管用的网信发展军事需求成果的过程。本质上是把宏观的军事战略、联合作战概念转化为中观的网信发展使命任务、作战能力指标和体系建设需求，再转化为微观层面的技术装备或重大工程建设项目。通常按照"提出战略构想—开发军事需求—落实军事需求—评估军事需求"的流程组织实施，通过构建"构想—任务—能力"的分类分层关联矩阵，由远及近、由粗到细逐步分解。

（二）军队网信建设需求构想

军队网信建设需求构想，是对网络安全和信息化发展远期军事需求进行的前瞻筹划设计，是制定网信发展战略的依据。主要包括战略形势要求、作战能力需求、体系建设需求、科技发展需求、推进战略举措等内容。网信发展军事需求构想的制定通常按照总体筹划、论证提报、统筹审查、审批发布等程序组织实施。

（三）军队网信建设需求方案

军队网信建设需求方案，是应对网络安全和信息化发展中期军事需求进行的系统筹划设计，是制定网信发展规划计划的基本依据。主要包括战略形势要求、作战能力需求、体系建设需求、科技发展需求、实现路径等内容。网信发展军事需求方案的制定通常按照总体筹划、论证提报、统筹审查、审批发布等程序组织实施。

（四）军队网信建设需求计划

军队网信建设需求计划，是对网络安全和信息化发展年度军事需求进行的周密筹划设计，是推进年度网信建设的基本依据。主要包括战略形势要求、军事任务需求、作战能力需求、体系建设需求、军事技术发展需求、落实要求等内容。网信发展年度军事需求计划的制定，主要根据军事需求方案，对下一年度网信建设军事需求进行细化分解、优化统筹和周密安排，通过按照网信发展军事需求方案制定程序组织实施。

（五）军队网信建设需求执行监管

军队网信建设需求执行监管，是对网络安全和信息化发展远期军事需求进行的前瞻筹划设计，是制定网信发展战略的依据。主要包括战略形势要求、作战能力需求、体系建设需求、科技发展需求、推进战略举措等内容。网信发展军事需求构想的制定通常按照总体筹划、论证提报、统筹审查、审批发布等程序组织实施。

（六）军队网信建设需求落实评估

军队网信建设需求落实评估，是对网络安全和信息化发展战略制定、规划编制、项目实施等进行的审核、督察和评估。

二、军队网信建设规划

军队建设发展规划通常分为军队建设发展总体规划和配套规划、军兵种建设发展规划、专项建设发展规划。军队网信建设规划，是军队建设发展规划的配套规划，是配置网信资源的基本手段、组织实施军队网信建设的基本依据。

（一）军队网信建设规划体系

军队网信建设规划体系，是网信领域各类发展规划、计划等构成的有机整体，是军队建设发展规划体系的组成部分。主要包括军队网信建设规划、专项发展规划、年度建设计划等。军队网信建设规划，是军队网络安全和信息化建设发展的具体筹划安排，是军队建设发展规划的重要组成部分，是军队建设发展规划在网信建设领域的延伸和细化，是配置网信资源的基本手段和组织实施网信建设发展的基本依据。军队网信建设规划内容，主要包括形势要求、发展指导、建设目标、重点任务、工程项目、组织实施等。军队网信专项发展规划，是对军队网信某一重要方面建设进行的部署安排，主要包括信息网络、信息系统、数据资源、网络与信息安全保密、信息化装备设施、信息技术等规划。网信建设年度计划，是军队网信建设的年度部署安排，主要依据网信规划进行任务分解细化，统筹规划相关领域和军兵种、武警部队建设年度计划，动态对接网信顶层设计，贯彻落实战建备统筹任务，及时响应备战打仗和网信技术发展。网信建设年度计划是各部门、各单位实施网信建设的基本依据，主要内容包括项目名称、进度节点、责任主体、经费保障、审批权限、审批立项要求和有关措施等。网信建设年度计划通常包括正文和建设项目安排表。

（二）军队网信建设规划编制

网络安全和信息化发展规划编制，是各级网信建设主体根据一定时期内网信建设发展目标，依法编制文件的活动，是明确网信发展指导思想、基本原则、建设重点、保障措施的过程。通常按照部署任务、需求分析、研究起草、协调衔接、评估论证、统筹审核、审批颁发的程序实施。

（三）军队网信建设规划中期调整

网信发展规划一经批准，必须严格执行。规划中期调整通常根据形势任务发展变化，在规划周期第三年组织进行，主要按照部署任务、规划执行情况中期评估、拟制规划任务中期调整方案、呈报审批的程序实施。

三、军队网信建设执行

军队网信建设执行，是网信管理机构和部门通过组织监督、检查、评估与调整等手段，完成规划明确的任务并实现预期目标的活动。主要内容包括开展网信规划实施和年度任务统筹、编制审核网信军费总预算与年度计划、组织网信建设项目管理与资源调控等工作，是网信发展规划活动的重要内容，是实现网信发展战略管理目标的重要环节。

（一）网信建设规划执行推进路线图

网络安全和信息化建设规划执行推进路线图，是对网信发展路径的设计，是与发展战略配套的实施方案。

（二）网信建设规划年度执行指南

网信建设规划年度执行指南是对网信建设发展规划实施的年度任务统筹。主要通过编制和发布年度军队建设发展规划执行指南（以下简称执行指南）进行。主要内容包括各领域各单位年度建设任务筹划和实施的总体要求、资源配置的政策导向、需要加快启动和优先保障的重点项目建设安排等。

（三）军队网信相关事项审核

军队网信相关事项，是指事关军队建设全局或者重要方向领域发展的总体设计、规划计划、项目安排、资源配置、政策法规、标准规范等事项涉及的网信内容。网信内容主要指上述事项中包含的信息网络、信息系统、数据资源、网络与信息安全保密、信息化装备设施、信息技术等方面的建设、运用、管理工作。

（四）网信资源调控

网络安全和信息化资源调控，是依据网信建设进展实际，结合建设项目检查和规划执行情况年度监测评估，对信息网络、信息系统、信息装备等资源进行调整、控制的活动。

四、军队网信建设规划评估

军队网信建设规划评估，是对军队网信建设运用涉及的统筹规制、执行调控、能力生成、管理绩效等事项组织开展的系列评价估量活动。主要评估内容包括建设进度、能力生成、管理绩效，是军队评估工作的重要组成部分，是加强网信建设运用统筹的重要驱动。网信建设规划评估通常包括网信发展重大决策落实评估、绩效评估和执行评估。

（一）网信发展重大决策落实评估

网络安全和信息化发展重大决策落实评估，是对网信发展落实国家安全和发展战略、军事战略方针、重大安全领域军事战略、战区战略和军队发展战略需求进行的分析与评价活动。重点是论证网信发展战略目标、战略布局、战略重点、战略举措的科学性、有效性、可实现性，是网信发展评估的重要内容。

（二）网信发展绩效评估

网络安全和信息化发展绩效评估，是运用科学的方法和手段，依托合理恰当的程序，对军队网络安全和信息化建设实际成效与预期成效进行综合比较分析，做出客观准确的判断，掌握战略实施实际状况的活动。网信重大工程及项目建设绩效评估和网信体系建设绩效评估，是网信发展绩效评估的重要内容。网信重大工程及项目建设绩效评估，是运用科学的方法和手段，对网信重大工程及项目建设成果与建设目标的符合性和军事经济效益进行的分析评价。重点是分析网信重大工程及项目的部队适用性、编成适应性、环境适应性、保障适应性，以及对作战体系的融入度、贡献率，是网信发展绩效评估的重要组成部分。网信体系建设绩效评估，是对网信建设发展规划部署的重大工程及重点项目建设绩效进行的评估。主要分析评价作战体系的完整性、融合性、适应性，基本能力生成情况，以及与军事战略方针、战区战略、重大安全领域军事战略、军队发展战略、军队建设发展规划的符合性。

（三）网信发展规划执行评估

网信发展规划执行评估，是对网信发展规划执行情况进行的常态化评估，主要包括网信发展规划年度监测评估、中期评估和总结评估。年度监测评估，是对网信建设重点任务实施情况进行的年度评估。年度监测评估范围主要包括重点专项规划、年度建设计划等各类规划实施情况，是网信建设发展规划实施年度任务统筹的重要内容，通常结合建设项目督促检查同步实施。网信建设中期评估，是对网信发展规划执行主责单位和项目承建单位组织规划执行、履行主体责任情况进行的评估。网信发展规划中期评估主要分析与评价规划任务落实、预期成效、存在的问题，资源使用效益和配套建设推进情况，规划执行进展与既定目标的差距，以及面临的环境、条件、需求变化等潜在风险。在规划周期第三年组织，与网信建设发展规划中期调整一并部署，通常按照普查自评、抽查调查、综合分析、拟制综合评估报告的程序实施。网信发展规划总结评估，要综合分析网信建设发展规划落实质量效能、投入产出效益、组织实施效率和辐射带动效应，评价规划执行取得的成效，检讨规划编制和执行存在的问题，研判发展面临的新形势新挑战，对下一个规划周期军队建设发展规划编制提出意见建议。总结评估根据中央军委军队建设规划评估统一部署，参照中期评估程序组织实施，在规划周期第五年组织。

第四节　军队网络安全和信息化管理方法

军队网信建设战略管理首先是科学管理，必须坚持科学的管理方法。军队网信建设战略管理方法，是履行网信建设战略管理职能，实现网信建设发展目标而采取的途径、方式和手段的总和。随着军队网信建设的深入发展，加快探索运用体现现代管理思想、适应新时代军队网信建设发展，特别是网信建设的新型战略管理方法，对于提升军队网信建设质量效益具有重要意义。网信战略管理方法是随着网信管理实践而不断丰富发展的开放体系，军队在信息化建设中采取了综合集成方法、体系结构方法、路线图方法、项目管理方法等种类繁多、表现各异的管理方法。当前，军队网信建设迈入新的发展阶段，既要注重继承和创新传统的管理方法，还应注重针对网信建设的特点规律，有针对性地创新运用全局统筹等新方法、新手段指导网信建设。

一、全局统筹法

统筹方法是指在管理过程中，通过整体考虑和协调各方因素，合理分配资源，采用科学技术，达到最优化效果的一种管理方法。军队网信建设全局统筹，着重统筹网信领域顶层设计、统筹网信建设规划计划、统筹推进网信重大专项工作、统筹网信军地工作中涉及军队事项、统筹督导军委决策事项落实，实现军队网信工作全局统筹、统分有序。

（一）统筹网信领域顶层设计

对军队网信发展战略、政策制度、法规标准、体系架构等顶层设计提出决策意见；组织论证设计网信建设技术路线和总体架构及重要组成要素；拟制相关顶层设计文件，报批实施。

（二）统筹网信建设规划计划

明确阶段发展目标、总体需求、任务框架、体系工程、资源配置原则等，拟制网信建设总体规划计划，承接转化需求，按照体系标准统筹安排相关规划计划重大建设任务，报批实施。

（三）统筹推进网信重大专项工作

明确网信建设重大任务、重要工作的组织方式，指定专职牵头协调推动，相关单位协调保障，各部门按职责参与负责相关工作。

（四）统筹网信军地工作中涉及军队事项

根据党中央有关决策部署和军事斗争准备实际，明确军队深度融入国家网络强国战略部署的融合需求和推进方法，归口办理网信融合工作中涉及的军队事项。

（五）统筹督导军委决策事项落实

对于习主席和中央军委重要决策指示、网信发展战略、规划计划、体系架构、政策制度、法规标准中明确的重大任务要求、现实工作中面临的重要矛盾问题，及时研究审议提出统筹督导意见，专家咨询提出建议，组织跟踪督导落实。

二、项目管理法

项目是指在一定的时间、资源约束下，为获得某一特定成果所进行的任务。如举行一次演习、研究一项课题、研制一件武器装备等。随着信息科技快速发展和网信需求日益复杂，军队网信建设项目种类、数量越来越多，规模越来越大，复杂性越来越强，时间跨度越来越长，投入和影响越来越大。特别是网信建设复杂项目群，建设目标统一、体系构成复杂、结构功能耦合，且投资规模大、建设周期长、风险效益高等特征日益突出，应不断创新项目管理方法实施科学管理。

（一）项目论证

项目论证是管理者接触项目后所要进行的第一项工作，是项目能否取得预期效果的基本前提。一些看起来很好的项目，如果不能通过项目论证，就不能立项、不能实施；一些未能通过严格科学论证的项目，如果盲目进行，往往会造成损失甚至导致失败。对项目进行科学论证，主要是从技术、人才、时间和资源及产生的后续影响等方面，对项目进行可行性分析。只有各方面的条件都具备了，项目才能成立。

（二）项目规划

项目规划是根据项目的任务目标，对项目进行的整体思考和筹划。项目规划阶段的最终成果体现为项目实施的一系列计划，这些计划是项目规划思想的具体化，体现了管理者准备做什么、什么时候做、由谁去做以及如何做，也就是对未来行动方案的一种说明。一般来说，项目规划的任务主要包括以下几个方面：一是确定项目范围并进行工作分解。项目范围又称工作范围，是指为成功地完成项目必须做的所有工作的总和。确定项目范围的方法，是创建项目工作分解结构，即把完成预定的项目成果所必须做的全部工作按照层次和类型进行分解，直至分解为可以用来编制计划的具体工作为止。二是制定项目进度计划。一个项目包含许多工作，这些工作的难易程度、所需时间、对其他工作的支持程度各不相同。因此，应根据各项工作之间的逻辑关系、完成每项工作所需时间和项目的总时间等要求，对所需完成的各项工作进行合理的时间安排。三是制定项目资源分配计划。就是将项目可获得的资源按照一定的时间、数量和方式分配到项目的每一项工作中去，资源分配计划要结合项目进度计划制定，基本原则是优先保障关键路径上的资源需求，当关键路径与非关键路径上所需资源发生冲突时，应对非关键路径上的机动时间进行调整，促使资源向关键路径上投入。四是制定项目计划审批。项目规划完毕后，要将各种计划上报决策机构审核、评定，获准通过后才能开始组织项目实施。

（三）项目监控

项目计划审批通过后，就进入项目实施阶段。在项目实施过程中，管理的主要任务是保证项目向目标推进，并尽量使项目的实施过程与计划相符合。因此，项目实施过程中，管理者的任务是收集、整理、分析项目实施的相关信息，依据项目标准评价、核实项目进展情况，并对项目实施中出现的偏差进行纠正，实施项目监控。项目监控的具体工作有以下几个方面：一是项目监测。为了及时准确地了解项目的实施情况，要对项目的实施过程加以系统的跟踪和观测。二是项目绩效分析。将项目预期的时间、预算和质量标准与已经完成的工作进行比较，估算项目是否发生了偏离，预测项目预期完成的时间和下一步的资源需求。三是项目纠偏控制。如果项目的实际绩效明显偏离了原计划标准，就要采取纠正措施，对项目实施纠偏控制。

（四）项目验收

当一个项目的目标已经实现时，该项目就到了它的终点，也就进入了项目验收阶段。这一阶段的主要工作包括：一是项目评估。由项目赋予者邀请相关领域的专家进行项目评审，对项目最终成果与存在问题、项目的完成质量、项目的资源使用情况、项目的完成进度情况等，进行统一的评价，以最终确定项目是否完成、完成的质量效益等。二是项目总结。对项目的最终结果与项目的预期目标进行比较。总结已取得的项目成果，项目各阶段工作衔接情况、资源分配情况、项目风险处理情况、项目完成的时间情况、项目的成本花费情况、项目的质量情况、项目团队的合作情况等。与此同时，分析总结项目实施过程中存在的问题与不足，吸取经验教训。三是项目结束报告。除了一些小型简单的项目之外，几乎所有的项目在结束阶段都需要编写项目结束报告，回顾项目的完成过程，尤其是完成过程中对项目计划的修改和变更；主要成就的总结；对比项目的计划目标和已实现的目标，分析其成败的原因；项目总决算，如果存在经费使用偏差，应说明成本偏差的原因；评估项目管理的得失；团队表现，以及团队成员的表现，对杰出成员的表彰和对表现较差成员的批评；研究需要继续调查的问题；对未来项目管理的建议等。

三、体系结构方法

体系结构方法主要应用于武器装备体系、巨型武器系统和军事信息系统顶层设计，能够使顶层设计"画出来""说清楚""看明白"，是验证和评估新的作战概念、分析军事能力、构建装备体系、制定投资决策等的重要依据，为指挥人员、技术人员之间的沟通提供"共同语言"，使所开发的系统可拓展、可集成、可重组，从而提高系统的体系融合水平。体系结构方法具有全局性视角、整体性设计、工程化推进的特质优势，成为大型复杂系统建设优先选择的方法。

（一）多视图方法

体系结构是一个抽象的概念，体系结构设计出来后，必须用一种规范的形式进行表述，这种表述称为体系结构描述。体系结构是实实在在的客观存在，体系结构描述是体系结构的形象表现，如图形、表格、文本等。在复杂系统领域，人们往往通过建立相应的规范（这些规范称为体系结构框架），来约束体系结构描述，进而勾画出复杂系统的体系结构。这个过程，既体现了自顶向下的顶层设计思想，也体现了从宏观到微观的系统工程方法，是整体论和还原论的有机结合。因此，体系结构框架就是规范体系结构设计和开发的基础方法论，同一领域的体系结构设计必须遵循统一的体系结构框架。

经过多年的研究和实践，各个领域发展了许多的体系结构框架，其核心和精髓都是基于多视图的方法。多视图方法是人们了解、描述复杂事物的一种常用方法，体现了"分而治之"的理念，可以将复杂问题简单化，将一个复杂问题分解为反映不同领域人员视角的若干相对独立的视图，这些视图一方面反映了各类人员的要求和愿望，另一方面也形成了对体系结构的整体描述。例如，建造一座结构复杂的建筑物，需要从主体结构、供水管路和供电管路等方面（即视图）进行设计，形成主体结构图、供水管路图、供电管路图等设计图纸。这些设计图纸的结合可以完整地描述出该建筑物的全貌，如果只用其中的任何一个或两个设计视图就不能达到这一要求。再如，机械制图也采用了多视图方法，即将一个三维空间的物体向三个不同的正交方向投影，形成空间三维物体正视图、侧视图和俯视图，三个视图之间通过一定约束和规则，形成对三维物体全面的描述。

在军事领域，多视图方法得到了广泛应用。美军最先提出来的 C^4ISR 体系结构框架就是由作战视图、系统视图和技术视图组成的。作战视图侧重于描述仗怎么打，作战对支撑的资源有什么要求；系统视图侧重于描述系统怎么建；技术视图侧重描述使用什么技术。多视图方法的作用在于建立作战人员、技术人员、管理人员之间沟通的桥梁，实现作战、系统、技术三方面的融合，保证所开发的系统可集成、可操作、可验证、可评估，从而提高系统的一体化水平。

随着基于信息系统的体系作战能力建设的不断深入，信息系统的支撑功能越来越强，集成融合要素越来越多，结构关系越来越复杂。构建这样的复杂信息系统，应该采用多视图方法，从作战需求分析、信息资源规划、系统总体设计、技术标准应用等角度，根据各方面的不同要求，形成作战视图、信息视图、系统视图和技术标准视图，进而通过分析视图与视图、模型与模型、要素与要素之间的关系，把宏观筹划与微观设计、定性描述与定量分析有机结合起来，最终形成一个完整的体系结构。

（二）体系结构的开发过程

体系结构的开发是一项复杂的系统工程，应用领域不同、采用的体系结构框架不同，体系结构开发的过程和体系结构模型的开发顺序也有区别。如美国国防部体系结构框架采用的是"六步骤"开发过程，军队军事信息系统体系结构框架采用的是"三阶段法"开发过程。但是这些体系结构开发活动还是有共性的，一般可以概括为建立组织结构、选择体系结构框架和工具、详细设计、设计审核四项主要工作。

1."六步骤"

高层次的体系结构开发过程"六步骤"方法为架构师和体系结构描述开发小组提供了指南，并强调体系结构开发的指导原则。该过程以数据为中心，而非以产品为中心（例如，它着重强调数据以及数据内部和数据之间的关系，而不是 DoDAF 1.0 或 V1.5 的产品）。这种以数据为中心的方法在确保获取所有基本数据关系，以支持各种各样的分析任务，同时还确保了体系结构描述中各视图间的协调一致。体系结构开发过程创建的各视图提供了对底层体系结构数据的形象表达，传递着来自体系结构描述的、特定用户群或决策者所需的有用信息。美国国防部体系结构开发过程如图 4-1 所示。

第一步确定体系结构的用途；第二步确定体系结构的范围；第三步确定开发体系结构所需数据；第四步采集、组织、关联和存储体系结构数据；第五步为实现体系结构目标进行各种分析；第六步按照决策者的需要进行成果展现。实际上体系结构设计结果的好坏，除了强调数据完备性、一致性、重用性外，还必须分析、验证和评估体系结构是否达到目的。

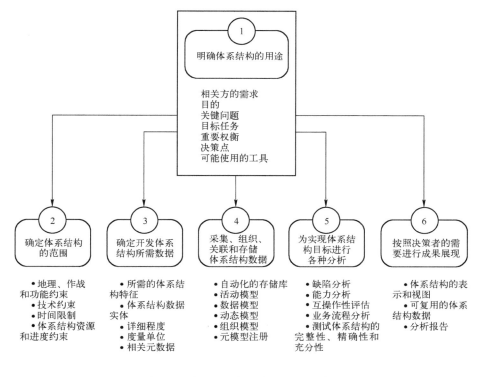

图 4-1　美国国防部体系结构开发过程

2.“三阶段法”

军事信息系统体系结构设计包括筹划准备、模型设计和验证评估三个阶段，如图 4-2 所示。

筹划准备阶段。主要明确体系结构设计的目的、范围和方法，确定框架和工具，并根据需求收集相关的辅助设计数据。若选择现有的框架，必须明确选择哪些视图和产品。在此基础上，根据设计任务要求和现有条件，选择体系结构设计的具体方法和工具。目前，支持体系结构开发的商用软件有 SA、TauGZ、EA 等，国防科技大学和中国电子科技集团有限公司也自主研发了体系结构开发软件。

模型设计阶段。主要是按照体系结构框架，设计相关模型或产品。如选用作战视图、系统视图和技术标准视图的框架结构。由于体系结构设计内容之间的相关性,在模型设计阶段要严格按照体系结构内容之间的逻辑关系,以一定顺序有序开发。如作战需求是决定系统组成、功能和结果的基础。因此,必须在作战视图的内容完成后,才能开发系统视图。

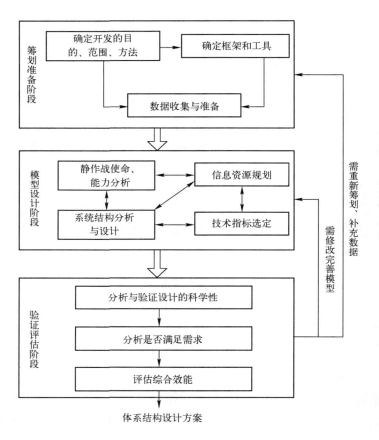

图 4-2 体系结构开发的三个阶段

验证评估阶段。主要任务是分析验证体系结构设计的科学性,评估体系结构满足需求的程度和综合效能。主要从以下三个方面进行分析:一是分析、验证设计的科学性;二是分析体系结构的需求满足度;三是分析评估体系结构综合效能。

在体系结构设计过程中，可根据评估结果，对体系结构设计结果进行修改完善。如需要补充数据，应返回筹划准备阶段，重新进行数据收集和准备工作；如果模型设计不合理，或模型设计不能满足系统需求和综合效能指标，应返回模型设计阶段，修改完善相关模型。

（三）体系结构产品的开发顺序

体系结构产品的设计是体系结构开发的主体工作，美国国防部体系结构框架 1.0 版和军队军事信息系统体系结构框架都按照一定的顺序开发产品。图 4-3 所示是美国国防部体系结构框架 1.0 版中视图之间的关系。要说明的是，体系结构产品（模型）的开发顺序不是具体的开发流程，而是对体系结构产品（模型）的开发实践关系的约束。当采用不同体系结构设计方法时，产品或模型的开发流程也会有所区别。一般按照开发全视图产品、开发作战视图产品、开发系统视图产品、开发技术标准视图产品的顺序进行。

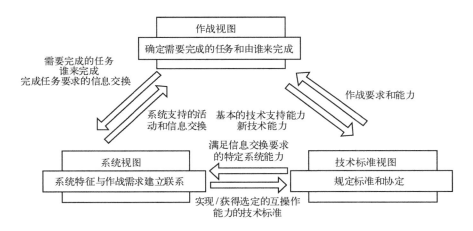

图 4-3　DoDAF 1.0 版中视图之间的关系

第五章　军队网络安全和信息化前沿技术

信息技术对军队网信建设的影响遵循建设周期呈缩短趋势、发展效应呈倍增趋势的"加速推动律"，这是科学技术的"倍积效应律"决定的。夯实关键技术底座、加快网信关键技术自主创新是军队网信持续强劲发展的基本保证，要充分依托国家信息技术产业链和成熟产品，加快推进关键技术自主创新、推开技术运用，努力夯实军队网信发展的重要根基。

第一节　5G

在 5G 出现之前，移动通信技术经历了 4 代：1G 仅支持模拟语音通信，移动通信终端实现了小型化；2G 支持数字语音和短信，使固定电话逐步被手机所取代；3G 支持增加了移动互联网服务，使低时效的纸质媒体被边缘化，开启了智能手机时代；4G 支持增强的移动互联网和视频等大流量业务，手机开始逐步取代电脑的主导地位，大大方便了人们的工作和生活。

一、5G 的基本概念

5G 是第五代移动通信技术的简称，具有高带宽、低时延、大连接、低能耗的显著特征。由于采用了更加精细化的调度方案和无线增强技术，5G 可以构建形成服务质量十分稳定的移动网络，使得移动互联网全面替代固定宽带成为可能，也为实时性和安全性要求高的工业级应用打下基础。简言之，在前四代移动通信技术解决了人与人的通信需求之后，5G 重点解决的是人与人、人与物、物与物的移动通信需求。5G 时代将拥有更加丰富的应用场景，是一场量变催生质变的技术创新，将激发众多行业领域的业务创新。

5G 的主要特征包括：一是高带宽，峰值速率可达 20Gbps；二是低时延，5G 网络传输时间降到 10ms 以下，快于人脑的反应时间；三是大连接，5G 并发数是现有网络技术的 100 倍，具有连接万物的维度和广度；四是低能耗，5G 设备 1 度电可支持超过 5000G 的数据交换，单位能耗是现有技术的 1/100。

从移动通信的发展历史来看，每十年将会有一代新的通信系统产生，所以 5G 之后会有 6G。和 5G 相比，6G 大多数性能指标相比 5G 将提升 10 到 100 倍，它致力于打造一个集地面通信、卫星通信、海洋通信于一体的全球通信世界，沙漠、无人区、海洋等如今移动通信的"盲区"有望实现信号覆盖。

目前 6G 还处于探索阶段，预计在 2029 年到 2030 年实现商用。需要解决的难题包括：一是尚不成熟的太赫兹通信技术。随着波段频率增加，天线体积将越来越小，频率达到 250GHz 时，$4cm^2$ 面积上足以安装 1000 个天线，对集成电子、新材料等技术提出巨大挑战；二是伴随数字世界与物理世界的深度融合，人们愈发依赖可靠安全的网络，对通信网络安全问题提出更高要求，要求 6G 网络能抵御网络攻击，追查供给源头；三是 6G 必将带来万物互联，产生海量数据信息。数据关乎隐私，实现可靠数据保护是 6G 推广应用前提，实时处理这些数据需成熟边缘计算技术，需解决边缘计算面临的数据访问受限、设备计算能力和存储能力不足等问题。

二、5G 的关键技术

5G 的关键技术主要包括无线技术和网络技术。在无线技术领域，主要包括大规模天线阵列（Massive MIMO）、超密集组网（UDN）、新型多址、全频谱接入等技术创新，其中大规模天线阵列的无线传输技术将有可能使频谱和功率效率在 4G 基础上再提升一个量级，而超密集组网有利于大幅提升 5G 容量。在网络技术领域，技术创新主要在软件定义网络（SDN）、网络功能虚拟化（NFV）等方面。5G 综合运用大规模多天线技术、新型多址、新型编码、毫米波通信、超密集组网、D2D（设备到设备，两个对等的用户节点间直接通信的方式）等关键技术，引入全新构架解决方案——允许在通用物理信息基础设施上创建一组逻辑独立的网络，称为"网络切片"，网络切片可根据行业业务需求量身定制，使 5G 能真正成为全社会的新一代信息基础设施。

三、5G 的应用

5G 作为新一代通信技术，具有覆盖面广、渗透性强、辐射带动作用大的优势，能释放数字对经济发展的放大、叠加、倍增作用，也可以对军事领域变革产生重要影响。当前 5G 已经广泛应用，如实现智慧高效的城市治理。5G 与人工智能、大数据、工业互联网、物联网等先进技术协同，推动传统制造转型等。

（1）车联网/自动驾驶。车联网是移动通信技术在交通行业的典型应用，通信与智能汽车深度融合，通过整合人、车、路、周围环境等相关信息，为人们提供一体化服务。编队自动驾驶、自动碰撞避让、自动变道等功能要求端到端时延小于 3ms、可靠性大于99.999%，5G 将有效提升对车联网信息的及时准确采集、处理、传输、利用，有助于车与车、车与人、车与路的信息互通与高效协同，降低驾驶安全风险。

（2）智能制造/工业自动化。伴随我国加快实施制造强国战略，推进智能制造发展，工厂车间中将出现大量的协作机器人等自动化设备，实时运动控制等功能要求低时延，智慧物流、仓储等需要海量连接，智能生产线的辅助摄像头视频监控等需要大带宽。5G 将广泛应用于工业领域满足这些需求，有效提升制造效率与管理水平。

（3）虚拟现实/增强现实（VR/AR）。高带宽、低时延是虚拟现实/增强现实客户体验的关键保障要素。当前因为终端重量大、体积大、成本高、网络带宽不足和传输时延大等问题，导致用户体验差、难以推广。同时，由于虚拟现实对本地计算机能力要求很强，导致功耗很大，需要持续供电，而 5G 的高带宽和低时延技术将实现计算能力放在云端，VR 终端仅保留现实和通信功能，功耗大幅降低，使依靠电池长时间供电的优质轻便 VR/AR 成为可能。

（4）无人机。无人机与地面的通信，主要有图传、数传和遥控三种途径。无人机搭载 5G 和 360°4K 全景摄像头，将实现动态、高维度的 4K/8K 超高清视频回传。同时，为实现无人机实时精准遥控，需要 20ms 以下时延，只有 5G 可以满足。分布式边缘智能计算节点可以在 5G 基站附近部署，从而保证了应用的端到端低时延场景需求。5G 的大规模天线阵列，以及 3D 波束赋形技术，可以加强垂直方向的覆盖，以较低的成本构建高空连续覆盖的网络，大大扩展无人机的飞行范围。

第二节　区　块　链

区块链起源于比特币（Bitcoin），最初由化名为中本聪（Satoshi

Nakamoto）的人士（也可能是一个组织）在 2008 年提出，作为比特币的底层技术。从诞生初期的比特币网络开始，区块链逐渐演化为一项全球性技术，吸引了全球的关注和投资。随后，以太坊（Ethereum）等新一代区块链平台的出现进一步扩展了应用领域，当前已经广泛应用于多个行业。

一、区块链概念

区块链脱胎于比特币，是一项分布式共享账本技术（Distributed Ledger Technology，DLT），通过点对点通信、加密算法、共识机制等关键技术，建立一个多节点共同记账的超级账本，可以完整、不可篡改地记录价值转移（交易）的全过程，形成不依赖中心组织和现有规则的信任关系。其中，账本是一个广义概念，泛指产品交易、资产流通或其他真实行为的数据记录。

狭义来讲，区块链是一种按照时间顺序将数据区块以顺序相连的方式组合成的一种链式数据结构，并以密码学方式保证的不可篡改和不可伪造的分布式账本。

广义来讲，区块链技术是利用块链式数据结构来验证与存储数据、利用分布式节点共识算法来生成和更新数据、利用密码学的方式保证数据传输和访问的安全、利用由自动化脚本代码组成的智能合约来编程和操作数据的一种全新的分布式基础架构与计算方式。

区块链主要有以下特征：一是去中心化。不依赖任何中心机构或第三方信任。每个节点都有完整的账本副本，并且在网络上相互通信和协作。二是开放性。数据对所有人公开，任何人都可以通过公开的接口查询区块链数据和开发相关应用。三是匿名性。数据交换的双方可以是匿名的，系统中的各个节点无须知道彼此的身份和个人信息即可进行数据交换。四是可追溯性。采用带时间戳的区块链式存储结构，能够追溯交易从源头状态到最近状态的整个过程。五是透明性。相较于用户匿名性，由于账本是分发到整个网络所有参与者，对于账本的持有者而言区块链系统的交易和历史都是透明的。六是不可篡改性。每次交易都会记录在区块链上，由于采用无中心模式，交易信息很难篡改。七是多方共识。作为一个多方参与维护的分布式账本系统，参与方需要通过共识算法决定哪个节点可以添加新块到区块链。

二、区块链的关键技术

区块链关键技术主要包括分布式账本、共识算法、智能合约、密码技术等。

（一）分布式账本

分布式账本技术本质上是一种可以在多个网络节点、多个物理地址或者多个组织构成的网络中进行数据分享、同步和复制的去中心化数据存储技术。相较于传统的分布式存储系统，分布式账本技术主要具备两种不同的特征：①多方共识。传统分布式存储系统执行受某一中心节点或权威机构控制的数据管理机制，分布式账本往往基于一定的共识规则，采用多方决策、共同维护的方式进行数据的存储、复制等操作。②多副本存储。传统分布式存储系统将系统内的数据分解成若干片段，然后在分布式系统中进行存储，而分布式账本中任何一方的节点都各自拥有独立的、完整的一份数据存储，各节点之间彼此互不干涉、权限等同，通过相互之间的周期性或事件驱动的共识达成数据存储的最终一致性。

（二）共识算法

区块链是一个历史可追溯、不可篡改、解决多方互信问题的分布式（去中心化）系统，其解决一致性问题的过程称为共识。分布式系统的共识达成需要依赖可靠的共识算法，共识算法通常解决的是分布式系统中由哪个节点发起提案，以及其他节点如何就这个提案达成一致的问题。共识算法可分为可信节点间的共识算法与不可信节点间的共识算法。前者在分布式系统中广泛应用，其中 Paxos 和 Raft 及其相应变种算法最为著名。后者包括以 PoW（Proof of Work）和 PoS（Proof of Stake）等算法为代表的适用于公链的共识算法和以 PBFT（Practical Byzantine Fault Tolerance）及其变种算法为代表的适用于联盟链或私有链的共识算法。

（三）智能合约

智能合约（Smart Contract）是一种旨在以信息化方式传播、验证或执行合同的协议，允许在没有第三方的情况下进行可信交易，交易可追踪且不可逆转。其目的是提供优于传统合同方法的安全，并减少与合同相关的其他交易成本。基于区块链的智能合约包括事件处理和保存的机制，以及一个完备的状态机，用于接收和处理各种智能合约，数据的状态处理在合约中完成。事件信息传入智能合约后，触发智能合约进行状态机判断。如果自动状态机中某个或某几个动作的触发条件满足，则由状态机根据预设信息选择合约动作的自动执行。

（四）密码技术

在区块链中大量使用现代信息安全和密码学技术，主要包括哈希算法、对称加密、非对称加密、数字签名、数字证书、同态加密、零知识证明等。

三、区块链的应用

区块链以其精巧的设计理念和思维，能够推进经济社会相关领域规则体系重构，改变人与人、人与组织、组织与组织之间的协作关系和利益分配机制。同时区块链技术能够有效解决"双花问题"，即避免同一笔数字资产因不当操作被重复使用的情况，为解决数字资产确权和交易流通提供了解决方案。区块链在军事作战、信息系统安全防护、军用供应链管理、军用物流等军事领域都具有广阔的应用前景。

（一）军事作战

物联感知设备和数据挖掘所产生的海量数据，在战时易遭敌定点摧毁。区块链本质是一个分布式数据库，数据可溯源无法篡改的特点保证了可靠的抗毁能力、数据安全性和真实性。从指挥所到任务部队指挥所层层传达指挥命令过程烦琐，呈"烟囱状"，效率低下，而参考 DPOS 算法将参与决策的各兵种、各层级指挥员根据权值比重作为节点对作战方案投票，快速决策，指挥结构向"扁平化网状"转变，提高了效率且加速了 OODA 环循环。

（二）信息系统安全防护

区块链无中心、分布式记账的方式可以应用于关键信息系统的防护，通过将信息系统主要构件进行哈希计算后记录在区块链中，多方共同监控其安全状态。一旦发现受到攻击完整性被破坏，则可以通过记账记录快速发现异常，进行处置。

（三）军事供应链管理

由于军用系统的嵌入式软件系统越来越多地使用商业现货构

件，因此国防系统供应链的隐患始终存在。采用区块链技术，可对军用系统的每一个零部件进行溯源。电路板设计公司使用区块链记录电路的每次设计迭代，制造商记录其生产的每个型号和每片电路板的序列号，销售商可记录每批电路销售情况，从而利用区块链建立资产所有者间传递资产的永久记录，既便于安全溯源，也便于备件查询。

第三节　大　数　据

近年来，随着互联网的不断推广应用和大众参与，以及移动互联网、物联网、全球定位、安全监控、金融（银行、股市、保险）及联网设备的普及，大量的新数据正在以指数级别加速产生。据统计，目前世界上 90%以上的数据是互联网出现以后迅速产生的，大数据时代已经降临，大数据的潜在价值正在显现，大数据技术研究也全面展开。

一、大数据的概念

最早提出"大数据"时代到来的是全球知名咨询公司麦肯锡，麦肯锡称："数据，已经渗透到当今每一个行业和业务职能领域，成为重要的生产因素。人们对于海量数据的挖掘和运用，预示着新一波生产率增长和消费者盈余浪潮的到来。"后来，人们用大数据（BigData）一词来描述和定义信息爆炸时代产生的海量数据，也就是指所涉及的数据量规模巨大到无法通过目前主流软件工具，在合理时间内达到撷取、管理、处理，并整理成为帮助用户理解并决策的目的。大数据技术本质上就是从类型各异、规模庞大的数据中快速获得有价值信息的技术。具有体量巨大、来源多样、生成极快且多变等特征,难以用传统数据体系结构有效处理的包含大量数据集的数据。大数据技术包括数据接入、数据存储、数据计算和分析、数据展示(可视化)等。大数据提供了一种认识复杂系统的新模式、新方法和新手段,可为解决军事活动环境高复杂性、博弈强对抗性、响应高实时性、信息不完整性等提供有效手段,通过数据赋能可有效提升作战体系整体效能。大数据的特点可以总结为 4 个 V,即 Volume(规模浩大)、Variety(种类繁多)、Velocity(生成快速)和 Value(价值巨大但密度很低),这种 4V 特点得到了更广泛的认同。也有把大数据的基本特征扩展到了 5V、7V 甚至 11V 特征,扩充了 Veracity(真实性)、Validity(有效性)、Variability(易变性)、Viability(存活性)、Volatility(波动性)、Visibility(可见性)、Visualization(可视性)等新维度。

在大数据发展应用总体战略方面,美国政府和军方率先将大数据提升为国家战略,2012 年,奥巴马总统宣布了"大数据研究与开发倡议",在此推动下美国国防部计划每年投资 2.5 亿美元在各军事部门展开大数据研究;同时改革编制体制,为了提高大数据技术开发和利用效率,设国防部助理部长办公室为首席信息官办公室,专注于大数据应用顶层设计和全局性指导,并且构建长远发展规划体系。自 2011 年以来,美国国防部陆续签署发布了《美国国防部信息技术体系战略与路线图》《2013—2018 战略规划》和《国防部数据、信息和信息系统共享计划》等文件,标志着利用大数据相关技术建设国防信息体系的长期规划的形成。

二、大数据的关键技术

按技术层次主要包括数据采集、数据传递、数据提取与整合、数据分析、数据呈现等方面的技术。这里只简要介绍与大数据应用结合非常紧密的几种关键技术。

在数据采集技术方面，通过物联网传感器、无线射频感知、社交网络及移动互联网等方式获得结构化、半结构化、非结构化的海量数据是大数据分析挖掘的根本；在数据传递技术方面，通过数据传输、数据交换、数据网络等方面的技术支撑，实现海量数据的快速传递；在数据提取与整合技术方面，通过云存储、分布式文件存储、关系数据库、NOSQL、SQL、自然语言处理、人工智能等技术，对获取到的大量数据进行清洗、转换、集成，最后加载到数据仓库或数据集市中，成为联机分析处理、数据挖掘的基础；在数据分析技术方面，通过多种检验分析技术以及数据挖掘、机器学习、预测模型、建模仿真等方面技术，实现有价值信息的提取；在数据呈现技术方面，通过关系图、标签云、数据可视化、人机交互等方面技术，以更为直观、准确的方式呈现给用户。

三、大数据的应用

随着军队信息化建设的不断推进，从指挥员到各作战单元都需要通过网络信息体系，从大量情报、预警信息中快速获取有价值信息，突破地理位置、传感器部署和编制等限制，实现精准信息服务，这就特别需要大数据技术为其提供支撑。

（一）大数据技术使得信息资源服务更加快速高效

网络信息体系中的信息服务主要通过信息服务中心来提供，信息服务中心汇聚并统一调度计算、存储和网络等物理资源，为各类信息系统提供计算、通信、存储和信息资源交换共享等多种信息资源服务。另外，信息资源服务中心具有服务管理功能，能够对各种物理资源进行控制管理。大数据技术在信息资源服务中心的应用主要包括以下三个方面：一是为来自不同感知设备设施的不同类型大量数据的整合、交换、共享提供支撑，与信息资源目录服务、信息资源管理、信息推送等技术一起构成信息资源交换共享服务的核心技术；二是为解决海量数据读写的高并发性、可扩展性和支持多种数据模型等问题提供支撑，并与传统关系数据库和分布式存储等技术一起构成存储服务的核心技术；三是为信息资源服务中心的计算资源、存储资源、网络资源的实时监控提供支撑，与传统分布式处理、并行处理、负载均衡、备份与恢复等技术一起构成信息资源服务管控、应急事件响应处置的核心技术。通过大数据技术的综合运用，信息服务中心便可为各类用户提供更加快速高效的信息服务，为看得见、摸得着、打得到提供有力支撑。

（二）大数据技术使得综合态势掌控更加全面准确

在信息化战场上，指挥员对战场综合态势的掌控是战争取胜的关键与灵魂。战场综合态势既包括敌我双方的兵力部署、武器装备、作战能力、指挥关系、后勤保障方面的信息，又包括战场的地理、水文、气象条件等方面的信息；既包括本级获取的实时信息，又包括上级分发的情报信息。这些信息需要从大量的原始数据中，经过汇聚、整理和融合，才能形成有效的战场综合态势，并以易于理解的方式呈现给相应指挥席位，方便指挥员实时全面了解情况，并进行作战推演与指挥决策。大数据技术为信息的汇聚、整理和融合提供有力支撑，与数据挖掘技术、数据格式转换技术、可视化技术、机器学习等技术结合，构成综合态势处理的关键技术，为指挥员更加全面准确掌控战场综合态势，为看得清、摸得透、打得准提供有力支撑。

（三）大数据技术使得网络安全防护更加严密可靠

在网络信息体系中运行着功能各异的信息系统，这些信息系统在设计的时候由于技术及设计方面的问题，难免存在一些安全漏洞，给网络信息体系带来了一定隐患。同时，在网络协议、基础软硬件平台方面也存在一些安全漏洞，这都给攻击者留下了可乘之机。近年来，针对网络信息体系的攻击手段发展非常迅速，尤其是零日漏洞攻击、高级持续性威胁（APT）攻击，往往具有攻击行为特征难以提取、攻击途径变化多元、攻击空间很不确定、攻击目的难以掌握、攻击持续时间极其漫长等特点，使得传统的基于特征攻击检测、网络防护、主机防护技术难以奏效。运用大数据技术，可以基于网络应用行为历史数据、网络流量各阶段数据进行深度分析；可以基于分布式部署方式动态获取网络关键节点数据进行分析监控；可以基于机器学习与数据挖掘技术有效发掘网络运行环境、业务流量、控制策略与实际效果之间的关系，从而及时发现可疑网络攻击行为，有效提升网络应对攻击的检测处置能力，为网络信息体系的安全提供更加严密可靠的保障。

第四节　云　计　算

构建一体化数据中心，统筹部署各领域、各行业公共服务，离不开云计算，云计算是构建数字基础设施的重要组成部分。

一、云计算的概念

云计算是一种基于互联网的计算新方式，它将计算任务分布在网络中大量的计算机构成的资源池上，使用户能够按需获取计算能力、存储空间和信息服务。这里的资源池就是云。云计算技术自提出之后，在世界上产生了巨大的影响。谷歌、亚马逊、IBM 和微软等企业以前所未有的速度和规模推动云计算技术和产品的普及，一些国家的军队也成立了云计算中心,以紧跟技术研究与应用的最前沿。云计算之所以能够风靡全球,是因为它具有显著的四大优点:一是能提供最可靠、最安全的数据存储。云计算技术提供的云存储平台提供专业的数据管理手段和先进的数据存储中心,严格的权限管理策略可以实现数据定制共享,就像银行存钱一样方便。二是对客户端的设备要求最低。云计算将各种任务划分到网络的大量计算机中,由网络中的计算参与完成任务,客户端只需要一台可以上网的计算机和一个浏览器就可以实现,节约了大量的客户端硬件成本。三是实现异构设备的数据和应用共享。云计算的程序应用和数据存储等服务都是由服务提供商提供,客户端的各种接入设备如手机、笔记本、家用电脑等不必考虑这些设备的数据同步,统一通过云来获得。四是超大规模的应用服务。之所以称为云,是因为这些服务提供商往往拥有超大规模的服务器集群,能够提供各种各样的网络应用服务,满足不同客户的需求。云计算提供的服务层次结构包括云设施、云平台和云软件。云计算的具体实现中涉及虚拟化、海量数据存储等诸多关键技术。

二、云计算的关键技术

云计算是并行计算、分布式计算和栅格计算的发展,其目标是以低成本的方式提供高可靠、高可用、规模可伸缩的个性化服务。为达到这个目标,需要良好的技术架构以及虚拟化技术、海量数据存储技术、分布式处理技术和集群技术等许多技术的支撑。

(一)虚拟化技术

在计算机领域,虚拟化通常是指计算任务是在虚拟的基础上而不是真实的基础上运行。虚拟化技术把应用、数据和物理系统区分开，从而增加了灵活性，使得物理资源可以更好地实现负载分配和数据存储要求。

虚拟化技术是将各种计算及存储资源充分整合和高效利用的关键技术。根据虚拟的对象可分为存储虚拟化技术、计算虚拟化技术、网络虚拟化技术等。虚拟化的实现形式是为某些对象创造虚拟化版本，如 CPU、操作系统、存储设备和网络资源等。

虚拟化技术是云计算、云存储服务得以实现的关键技术之一。它将应用程序以及数据，在不同层次以不同的形式展现，使不同层次的开发、维护、使用人员共享快捷便利的服务。

（二）海量数据存储技术

数据是信息系统的重要组成部分，是信息社会组成的根基。随着社会信息化步伐的加快，数据呈爆炸式增长趋势。云计算作为一种新的应用模式，需要同时满足大量用户需求，并行地为大量用户提供服务，因而产生了大量的数据存储需求。

数据的增长使得数据存储方式从以服务器为中心转向以网络为中心的具有分布式、高吞吐率和高传输率的存储系统。目前，网络中数据存储技术主要有谷歌文件系统（Google File System，GFS）和分布式文件系统（Hadoop Distributed File System，HDFS），目前这两种技术已经成为事实上的标准。

GFS 是谷歌公司为了存储海量搜索数据而设计的专用文件系统。GFS 是一个可扩展的分布式文件系统，用于大型、分布式、对大量数据进行访问的应用。它运行于廉价的普通硬件上，但可以提供容错功能。它可以给大量的用户提供总体性能较高的服务。

HDFS 能提供高吞吐量的应用程序数据访问。对外部客户机而言，HDFS 就像一个传统的分级文件系统，可以创建、删除、移动或重命名文件。

三、云计算的应用

在军事领域，云计算能够促进信息的融合，实现各级指战员信息服务的按需提供，可有效满足指战员实时获取战场态势、科学实施战斗决策、高效执行战斗任务的需要，对强化多维信息感知、多元信息融合、智能化指挥决策及信息资源的共享具有重要的支撑作用。目前，世界各国正加紧开发和研究自主云计算技术。例如，开发分布式编程模型，把大量指战员提交的服务请求，分配给不同的计算机进行处理，并实时将处理结果汇总反馈给指战员；开发海量数据分布存储技术，满足分布在不同空间及地域指战员信息查询的需要；开发海量数据管理技术，使海量数据在纷繁多样的应用中，依然准确、完整、可信；开发虚拟化技术，实现软件应用与底层硬件的隔离，使得指战员通过简单的输入、输出，即可拥有信息网络所具有的全部功能，从而充分享受信息网络所提供的各类服务；开发云计算平台管理技术，使构成云计算平台的大量服务器协同工作，方便地进行业务部署和开通，快速发现和恢复系统故障，并确保其稳定可靠运行。

云计算是并行计算、分布式计算和栅格计算的发展，其目标是以低成本的方式提供高可靠、高可用、规模可伸缩的个性化服务。在军事领域，云计算能够促进信息的融合，实现各级指战员信息服务的按需提供，可有效满足指战员实时获取战场态势、科学实施战斗决策、高效执行战斗任务的需要，对强化多维信息感知、多元信息融合、智能化指挥决策及信息资源的共享具有重要的支撑作用。2018 年美国国防部发布的《国防部云战略》，明确了云计算运用发展的战略和指导原则，提出构建一个新的、统一的云计算平台，将各类应用程序、军事数据和服务向云计算环境迁移，尽最大能力提升云平台对军队的支撑能力。2021 年以《美国国防部云战略》为基础，制定了美国本土以外的云战略愿景和目标，即通过战术边缘的云创新实现全域优势，战略重点是将美国本土（CONUS）的云计算部署到全球范围，为作战人员提供战术边缘的云计算技术。

各国军队正在努力使用云计算来满足不断增长的大型数据处理需求，并实现其预算效率。在网络信息体系中，采取存储云、数据云和计算云的分层方法，可以向运动中的士兵传送来自情报预警系统的全动感视频图像流或卫星图像等大型文件。

第五节　物　联　网

从互联网到物联网，网络从人人连接、到人物连接、再到万物可联，物联网已经被国家纳入公共基础设施数字化、智能化升级的重要建设内容。

一、物联网的概念

物联网是通过传感设备按照约定的通信协议，把各种物品与互联网连接起来，进行信息交换和通信，并实现智能化识别、定位、跟踪、监控和管理的一种网络，是互联网的延伸和扩展，主要包括感知层、网络层、应用层和共性技术。物联网技术在军事领域用途广泛，可为战场态势感知、武器装备建设、物资管控、后勤保障、军事管理等提供支撑，提高战场透明化、武器装备智能化水平。

物联网是在互联网基础上的延伸和扩展。相对于已有的各种通信和服务网络，物联网在技术和应用层面上具有四大特点：一是感知识别普适化。物联网是指物物相连的网络，这里的物不仅包括较高智能的具有高速网络接入的计算机、手机等设备，还包括了其他安装了感知识别低速接入的普通物品等，如电子不停车收费终端（ETC）等。二是异构设备互联化。物联网的终端设备千差万别，物联网利用无线通信模块和标准的通信协议，构建自组织网络。在此基础上，通过网关互联互通，实现网际间信息共享及融合。三是联网终端规模化。物联网使得每一种物品都有了触网的可能，使得联网终端的规模无限放大。四是应用服务链条化。通过物联网将大规模数据高效、可靠地组织起来，为上层行业应用提供智能的支撑平台，数据存储、组织及检索成为行业应用的重要基础。

二、物联网的关键技术

物联网是一种非常复杂、形式多样的系统技术，根据信息生成、传输、处理和应用的原则，可以把物联网分为感知识别层、网络构建层、管理服务层和综合应用层 4 层。

感知识别是物联网的核心技术，是联系物理世界和信息世界的纽带。感知识别既包括射频识别、无线传感等信息自动获取设备，也包括各种智能电子产品用来人工生成信息。信息生成方式的多样化是物联网区别其他网络的重要特征。网络构建的主要作用是把感知识别数据接入互联网供上层服务使用。管理服务层是在高性能计算和海量存储技术的支撑下，将大规模数据高效、可靠地组织起来，为上层行业应用提供支撑与服务。综合应用层是为跨行业、跨系统、跨领域之间的信息互联、互通、互操作提供支撑以及具体的解决方案，主要有物品追踪、环境感知、智能管理等。

通过感知识别技术，让物品"开口说话、发布信息"，是融合物理世界和信息世界的重要一环，是物联网区别于其他网络的最独特的部分，是物联网的触手。物联网通过条码、无线射频、传感器、卫星定位等无线感知识别方式自动生成物品信息。这里将重点介绍感知识别技术中的射频识别技术。

　　射频识别（RFID）技术通过无线电信号识别特定目标并读写相关数据，无须识别系统与特定目标之间建立机械或光学接触。系统由标签（Tag）、阅读器（Reader）和天线（Antenna）三部分组成。其工作原理并不复杂，标签进入磁场后，接收到阅读器发出的射频信号，凭借感应电流所获得的能量发送出存储在芯片中的相关信息，或者由标签主动发送某一频率的信号，阅读器获取信息并解码后送至中央信息系统进行有关处理。RFID 标签由耦合元件、芯片及微型天线组成，每个标签内部存有唯一的电子编码，附着在物体上，用来标识目标对象。标签进入 RFID 阅读器扫描场以后，接收到阅读器发出的射频信号，凭借感应电流获得的能量发送出存储在芯片中的电子编码，或者主动发送某一频率的信号。阅读器是 RFID 系统最重要的也是最复杂的一个组件。因其工作模式一般是主动向标签询问标识信息，所以有时又称为询问器。阅读器一方面通过标准网络接口、RS232 串口或 USB 接口与主机相连，另一方面通过天线与 RFID 标签通信。有时为了方便，阅读器和天线以及智能设备会集成在一起，形成可移动的手持式阅读器。天线同阅读器相连，用于在标签和阅读器之间传递射频信号。阅读器可以连接一个或多个天线，但每次使用时只能激活一个天线。天线形状和大小会随着工作频率和功能的不同而不同。频率是 RFID 系统的一个很重要的参数指标，不同频段的 RFID 产品有不同的特性，一般分为低频、高频和超高频三个区域，适用于不同的工作环境。低频感应器工作频率从 120kHz 到 134kHz，该频段的波长大约为 2500m，该频段数据传输速率比较慢。高频感应器工作频率为 13.56MHz，该频率的波长大约为 22m，数据传输速率比低频要快，价格不是很贵。超高频感应器的工作频段在全球的定义不统一，北美定义的频段为 902～905MHz，日本定义的频段为 950～956MHz，波长大约为 30cm。

三、物联网的应用

物联网应用于军队，就是军事物联网。军事物联网是指通过各种军用信息传感设备，如传感器、射频识别、全球定位系统、红外感应器、激光扫描器、气体感应器等各种装置与技术，实时采集军事人员、武器装备、战场环境、后勤物资等方面的各种所需信息，通过军事信息网络无缝链接，实现态势显示、指挥控制、智能管理的目的。未来基于网络信息体系的联合作战中，军事物联网能够将散布于陆海空天和武器平台上的各类传感器相互连接起来，构成一个无所不在的微型智能传感器网络，实现战场的透明化，使网络信息体系的应用体现得更加客观实在，将对军队日常管理、演习训练、实际作战产生极其深远的影响。

一是加强军事物联网的开发应用，能够提高战场感知能力。感知是物联网最大的特点，将物联网应用于未来的基于网络信息体系的联合作战中，能够实现战场感知的精确化、系统化和智能化。在战场上，借助于物联网形式多样的终端感知设备，可以测量战场中的热、红外、声呐、雷达、电磁波等核生化环境；可以侦察敌军的兵力部署、战力调度和战斗区域的地形、地貌特征等，实现战场信息的多元融合、实时处理和高度共享，从而获取持续透明的战场态势，达到对整个战场及作战全过程透彻感知、透明掌控。

二是加强军事物联网的开发应用，能够提高指挥控制决策能力。物联网能够实现战场的实时监控、目标定位、战场评估、攻击检测和搜索等功能，可使作战系统内各个作战单元间能够快速传递作战信息，有利于实现诸军兵种情报信息的高度共享，确保作战决策可以异地、同步进行。依据物联网提供的各类信息，能够提高指挥员决策的科学性、及时性和有效性。

三是加强军事物联网的开发应用，能够提高武器装备的作战效能。物联网被誉为"武器装备的生命线"。随着信息技术的进一步发展，物联网与人工智能技术、纳米技术的结合应用，有利于提升武器系统的自动化水平，使得各个武器平台之间不需要人工操作和控制，通过物联网直接对话，有意识地寻找、辨别攻击目标，实施自主打击。物联网能提高武器装备的战场生存能力，使战场装备维修更加精确，自检自愈功能更加强大。

四是加强军事物联网的开发应用，能够提高后勤保障能力。物联网技术似乎是专为军队后勤保障"量身打造"的一项完美技术。将物联网技术应用于军事后勤，首先可以有效地避免后勤工作的盲目性，在各种军事行动全过程中，物联网可以使作战部队实现在准确的地点、准确的时间提供数量适当的装备与补给，避免多余的物资涌向作战地域，造成不必要的麻烦、混乱和浪费；其次基于物联网的后勤保障体系，具有网络化、非线性的结构特征，具备很强的抗干扰性和抗打击能力，不仅可以确切掌握从工厂运送到前方散兵坑的全过程，还可以提供危险警报、给途中的车辆布置任务以及优化运输线路等。最后，物联网还能有效地避免重要物资的遗失，随着无线射频标签技术的成熟以及成本的降低，使得物联网完全可应用于单件武器上，这将有利于更加严格地掌握控制武器库，而且有助于寻找战场上丢失的、威胁性较大的武器装备。

第六节　人　工　智　能

目前，发达国家都把人工智能作为重点列入本国的高科技发展计划，并投入巨大的人力和物力，加强人工智能等关键前沿领域的战略研究布局和技术融通创新，推动人工智能和各产业深度融合，加快发展智慧农业、智慧制造等一系列重大工程。

一、人工智能的概念

人工智能（Artificial Intelligence，AI）是研究计算机模拟人类智能活动的有关理论与技术，是计算机科学的一个分支，是计算机科学技术的前沿科技领域，但它的研究并不仅局限于计算机科学，还涉及数理逻辑、模糊数学、控制论、信息论、神经生理学、心理学、语言学以及哲学等众多学科。因此，人工智能实际上是一门综合性的交叉学科和边缘学科。

人工智能诞生于 1956 年，在美国达特茅斯（Dartmouth）大学举办的夏季讨论会上，"人工智能大师"约翰·麦卡锡（John·McCarthy）及一批科学家提出了"人工智能"这一术语，开始具有真正意义上的人工智能研究。

人们普遍认为，人工智能是从计算机应用系统的角度出发，研究如何制造出人造的智能机器或智能系统，来模拟人类智能活动的能力，以延伸人类智能的科学。人工智能本质上是对人的思维过程的模拟，从这方面考虑，人工智能并不是人的智能，也不会超过人的智能，但其技术实现与应用已越来越接近人的智能，人工智能专家对此问题也有一些不同的看法。

二、人工智能的关键技术

人工智能是一门实践性很强的技术学科，目的是解决某一特定的实际问题。因此，从实现原理方面考虑，又有专家系统、人工神经网络、模式识别、机器学习、机器人学等具体表现形式。

（一）专家系统

专家系统是一个智能计算机程序系统，其内部存有大量专家水平的某个领域的知识与经验，能够利用人类专家的知识和求解问题的方法来解决该领域的问题。实际上，专家系统是一个具有大量专门知识与经验的程序系统，它应用人工智能技术，依据某个领域中一个或多个人类专家提供的知识和经验进行推理和判断，模拟人类专家的决策过程，以解决那些需要专家才能解决的复杂问题。随着人工智能整体水平的提高，专家系统也得以不断发展，正在开发的新一代专家系统有分布式专家系统和协同式专家系统，以模型推理为主，以规则推理为辅，并切合实际应用需求，满足对实时及大数据量处理的需求。

（二）人工神经网络

人工神经网络是一种旨在模仿人脑结构及其功能的脑式智能信息处理系统。通常以数学和物理的方法以及信息处理的角度对人脑神经网络进行抽象，并建立某种简化模型。当前对人工神经网络模型、算法、理论分析和硬件实现的大量研究，为人工神经网络计算机走向应用提供了物质基础。现在，人工神经网络已在模式识别、图像处理、自动控制、信息处理、组合优化、机器人学和人工智能的其他领域获得日益广泛的应用。人们期望人工神经网络计算机重建人脑的形象，极大地提高信息处理能力，在更多方面取代传统的计算机。

（三）模式识别

模式识别是指用计算机代替人类或帮助人类感知外部世界，是对人类感知外界功能的模拟，研究的是计算机模式识别系统，也就是使一个计算机系统具有模拟人类通过感官接收外界信息、识别和理解周围环境的感知能力。模式识别是一个不断发展的新学科，它的理论基础和研究范围也在不断发展。至今，在模式识别领域，神经网络方法已经成功地应用于手写字符的识别、汽车牌照的识别、指纹识别、语音识别、遥感、医学诊断等方面。目前，模式识别学科正处于大发展的阶段，随着应用范围的不断扩大以及计算机科学的不断进步，基于人工神经网络的模式识别技术在今后将有更大的发展，量子计算技术也将用于模式识别研究。

（四）机器学习

机器学习是指计算机能自动获取新的事实及新的推理算法，具备自主技术积累、在运行中不断学习的能力，是使计算机具有智能的根本途径，是人工智能的核心技术之一。它通过构建数学模型和算法，让计算机从数据中学习并自动改进性能。机器学习可以分为监督学习、无监督学习、强化学习和深度学习等不同类型，其中监督学习通过输入样本和对应的标签来训练模型，无监督学习则根据数据的内在结构进行模式发现，强化学习则通过与环境的交互来学习最优的行为策略，而深度学习是一种基于神经网络的机器学习方法。

监督学习是机器学习中最常见的类型，它通过给定输入样本和对应的标签（即已知输出），让计算机从中学习出一个模型，用于对新的输入进行预测或分类。常见的监督学习算法包括线性回归、逻辑回归、决策树、支持向量机、随机森林、神经网络等。

无监督学习是指从未标记的数据中寻找模式和结构，而不需要事先提供标签信息。无监督学习常用于聚类、降维和异常检测等任务。常见的无监督学习算法包括 K 均值聚类、层次聚类、主成分分析、关联规则学习等。

强化学习是一种通过与环境的交互学习最优行为策略的方法。在强化学习中，计算机通过观察环境状态、执行动作并获得奖励来学习最佳决策策略。强化学习在游戏、机器人控制和自动驾驶等领域有广泛应用。常见的强化学习算法包括 Q-learning、SARSA、DQN、A3C 等。

深度学习是一种基于神经网络的机器学习方法。它模拟人脑的神经网络结构，通过多层次的神经元和权重连接来学习特征和进行决策。深度学习在图像识别、自然语言处理、语音识别等领域取得了重大突破。常见的深度学习算法包括多层感知器、卷积神经网络、循环神经网络、长短期记忆网络、生成对抗网络、自动编码器等。

（五）机器人学

机器人学研究的问题，从机器人手臂的最佳移动到实现机器人目标动作序列的规划方法，无所不包。2013 年 12 月成功发射的嫦娥三号月球车"玉兔"就是一个高智能机器人，其综合电子分系统相当于人的"大脑"，制导、导航与控制（GNC）分系统相当于"五官"，热控起到调节"体温"的作用，机械臂是"胳膊"，轮子是"脚"，结构与机构是"骨骼"。对于机器人在军事上的应用，对感知外部世界显得尤为重要，第一次世界大战中的声自导引鱼雷是第一种真正意义上的机器人武器，将这种鱼雷发射出去后，它能够自己寻找猎物，并将其摧毁。

从 2010 年开始美国国防高级研究计划局（DARPA）就进行一项绰号"阿凡达"（Avatar）的研究项目，研制像电影《阿凡达》中一样可用人脑远程控制的机器人军团，实现让人类士兵用思维控制类人机器人参战，使真人能够远离危险的战场，并在 2013 年预算报告中称："'阿凡达'项目将让人类士兵与半智能两足机器人结成有效伙伴，让机器人成为'代理士兵'。"报告还称，遥控机器人将能够完成人类士兵的所有任务，包括打扫房间、站岗放哨、救护伤兵等。到 2016 年 4 月，美军已成功开发了 250 名男性三维"阿凡达战士"，研究人员希望每名军人都创建出自己的虚拟形象，无论性别、身材和高矮，这种网络虚拟战士用于测试实际交战中的"弱点"。俄罗斯、英国、德国、加拿大、日本、韩国等已相继推出各自的机器人战士。

三、人工智能的应用

人工智能技术能使军事决策适应现代战争中出现的各种意外情况，大大增强指挥能力，使作战指挥具有更大的灵活性。一个高效的网络信息体系一般具有两个特点：一是实用性，即整个体系能满足平时战备值班和战时作战需要，可用性强，可靠性高，可维修性好；二是体系本身智能水平高，能够实时为指挥员提供较高的指挥决策支持。具体来说，人工智能技术的应用，可有效提高网络信息体系的辅助决策能力、信息处理能力和末端打击能力。

加强人工智能的应用能力，包括以下几个方面：

（1）加强军事专家系统开发应用，为网络信息体系的辅助决策提供强有力支撑。网络信息体系的辅助决策功能离不开专家系统的运用，军事专家系统是人工智能走向实用化研究中最引人瞩目的领域之一。它是一个具有大量军事知识和军事原则，以军事理论和计算机相关应用技术为基础，具有分析、判断和辅助决策能力的计算机软件系统。军事专家系统是应用人工智能技术，综合利用一个或多个人类军事专家的军事知识、经验和军事原则，模仿人类军事专家做出决策的过程，为指挥员提供辅助决策和解释（如执行作战任务的方法、军队的部署与机动等）的系统。它先对军事领域专家的知识和经验进行总结，形成规则，建立军事专家知识库；然后用适当的控制策略，建立拥有类似于军事专家解决实际问题的推理机制，构成推理系统，并形成一定算法；当外界输入问题时，系统就进行处理，并运用有关知识进行推理，做出具有某类军事专家水平的判断和决策，而起到军事专家的作用，或成为军事专家的助手。这种决策方式也称军事专家辅助决策。军事专家系统的关键技术是知识的表示、获取和运用，难点在于许多领域的军事专家知识往往是不精确、不完全或是不确定的，军事专家系统仍是人工智能研究比较集中的领域。实际应用专家系统时，计算机给出的方案选择，相当于提示战场上的军事指挥人员，在同样的条件下，优秀指挥员一般会采取什么样的决策行动。所以说，专家系统相当于为战时军事指挥员配备了一个高智能的参谋长。要运用好专家系统，既要有优秀的军事指挥人员参与，又要将优秀军事指挥人员的经验提炼成规则形式，还要将提炼出的规则编程实现。

（2）加强神经网络技术开发应用，为网络信息体系的信息处理提供强有力保障。在网络信息体系中，还广泛应用了神经网络。比如，对过去的战例进行分析，建立诸如渡海登陆、山地作战、突破口选择等战斗模型。例如，利用反向传播（BP）网络建立渡海登陆的战斗模型，需要先收集上千个过去世界各国军队成功的登陆战例，然后对收集到的战例样本进行数字化处理，以实现人机对话，使计算机能对它们进行运算处理。技术处理完后，将战例样本输入计算机以便对神经网络进行训练，通过训练最终确定网络的连接权，这样就建立了渡海作战的神经网络模型。再如，对平时训练成果进行分析，建立训练战斗模型，使平时的训练更接近于实战。例如，可以用霍普菲尔德（Hopfield）网络建立最优兵力分配的神经网络模型或部队最佳行军路线的神经网络模型等。作战时，指挥员就可以将身处战场的情况信息输入相应的战斗模型，由神经网络为指挥员提供一个可参考的决策。平时这样的战斗模型越多，分析得越充分，则对战时决策者的帮助就越大。

（3）加强机器人技术开发应用，为网络信息体系的末端打击提供精准有效的手段。机器人将成为网络信息体系末端打击的主要形式，我国国产新型机器人履带式无人作战平台搭载的机枪可进行上下左右角度调整，在其前方安装有类似摄像头装置，在机枪右侧安装有弹药箱和观瞄设备等装置，能够自主安全行驶、完成多通道的通信及远距离遥控操作武器射击，主要用于对敌目标侦察与打击，对隐蔽于建筑物、坑道内的敌对分子搜索与歼灭等作战任务。新型军事机器人作为未来战争发展的趋势之一，已有诸多新近研发的军事机器人与无人平台被投放于真实战场，并替代士兵执行搜索、侦察、布雷、排爆、支援，乃至直接作战等核心任务。机器人士兵本身作为网络信息体系中的智能终端，是网络信息体系的组成部分，其执行任务时，需要依托网络信息体系中的信息获取、传递，还需要网络信息体系中强大的计算能力来进行信息融合处理、计算与决策。因此，人工智能技术已融入网络信息体系中机器人士兵执行任务的各个环节。

第七节　大　模　型

大模型技术主要涉及构建具有超大规模参数的深度学习模型，这些模型的参数数量常常达到上千万，甚至数十亿。如此庞大的参数规模，使得大模型具备了更为强大的表达能力和学习能力。大模型技术萌芽于 2017 年谷歌提出的 Transformer 网络结构，它为大模型技术奠定了基础。从 2019 年至 2021 年，通过指令微调、基于人类反馈来强化学习技术探索发展。从 2022 年开始，GhatGPT-3.5、GhatGPT-4、GhatGPT-4o、"文心一言""通义千问"等相继出现，大模型技术迎来了蓬勃发展。从"百模大战"到"千模大战",大模型的赛场逐渐分化成通用大模型和垂直领域大模型两个不同的方向。前者能够在多个领域应用,可处理多种任务,满足不同需求。技术聚焦基础层,以技术攻关为目的,具有广泛性和适用性,但缺乏解决特定问题的能力。后者则针对特定领域或任务进行优化设计的模型,聚焦解决垂直领域问题、专业领域问题。未来,大模型技术趋势是突破尺度定律的边界,以应用需求为牵引,推动数字经济发展,引导产业变革。

一、大模型的概念

大模型是包含超大规模参数的深度学习神经网络模型,采用卷积神经网络、循环神经网络或变种网络建模,通常采用监督学习的方式,通过大量标注数据进行模型训练和优化。大模型是人工智能发展到一定阶段的产物,是多种 AI 技术的综合集成,也是在大数据、大算力、强算法基础上衍生的一种具有通用的、泛化能力的机器学习模型。其主要的特征在于其变革性,大模型改变了原有的AI 模型开发模式,将模型从"作坊式"升级为"流水线"。

大模型的核心能力包括涌现能力和泛化能力。涌现能力即当参数量突破一定规模,大模型表现出新的智能,可以解决之前无法解决的困难问题。泛化能力即从大量数据中学习到抽象出的通用知识,当遇到类似但未见过的任务或问题时,能够有效地将所学的知识迁移应用,从而解决新问题。

二、大模型的技术原理

大模型技术的核心在于通过对海量数据的学习,自动提取出数据中的复杂特征和潜在规律。这一过程中,模型能够捕捉到细微的数据变化，从而更准确地预测和分类。以自然语言处理领域为例，大模型可以学习到语言的深层次结构和语义信息，进而生成更为自然、流畅的文本。

大模型的特点主要体现在"大"上。一是参数模型大。大模型通常包含数十亿、百亿甚至千亿参数，模型大小可达数百个 GB，甚至更大。二是多任务学习。大模型可以同时学习多个自然语言处理任务。三是计算资源需求大。大模型训练需要数百甚至上千个 GPU 及大量时间，需要几周甚至几个月。四是数据需求量大。大模型训练需要大量数据，以实现参数规模优势。

三、大模型的应用

大模型强大的数据处理和模式识别能力，使得军事应用中的智能化水平显著提升。

在信息收集与威胁分析方面，大模型技术能够高效地处理来自卫星图像、雷达信号、社交媒体等多元的海量数据。通过深度学习算法，能够准确识别出隐藏在数据中的模式、异常行为以及潜在的威胁。例如，Palantir 的人工智能平台 AIP 就是一个集成了大量语言模型的先进系统，不仅能够为作战指挥提供快速决策方案，优化后勤保障管理，更重要的是，它通过与用户互动进行自身的反馈和输出内容的改进，提供了一个高度真实的对话场景，极大地提升了信息收集与威胁分析的准确性和效率。

在任务规划与优化方面，通过对历史数据、实施状况以及实际操作中的约束条件进行深入分析，大模型能够帮助生成最优的任务计划，包括部署策略、资源分配以及战术机动建议等。这不仅显著降低了复杂作战所需的规划时间，还提升了军事行动的整体效率。以 Scale AI 公司的大语言模型 Scale Donovan 为例，其已经被美国陆军用于加密网络的决策制定，大大加速了战场态势的理解、计划和心动速度。

在武器系统的研发方面，大模型技术可构建高度逼真的模拟开发环境，实现武器装备快速开发，也可助力软件开发与更新。按照用户需求，查询并理解各种通知、规定文件，进行规划制定，提高办公效率。在自主武器研发方面，美国军队正积极利用这一技术，以期提高作战精度、减少伤亡风险，并在复杂环境下扩展行动功能。然而，技术应用也引发了一系列伦理和法律问题，如自主武器系统的决策过程可能涉及生命和财产安全，必须进行严密的监管和规范。

在后勤与供应链管理方面，在复杂的作战环境中，为确保关键物资及时送达前线，大模型技术通过全面分析物流网络，能够识别出最优的供应路线，考虑到各种战场因素，如地形、战场环境状态以及可能受到的干扰，大模型技术可以很好地实现物资高效配送。

在医疗诊断与治疗方面，通过深入挖掘医学影像、患者数据和医疗文献等，大模型能够快速而准确地识别出潜在的疾病迹象和损伤，并预测治疗结果，还能根据患者的个体特征推荐最合适的治疗策略，实现个性化医疗服务。

在网络攻防领域，大模型对于保护军事网络、数据以及关键基础设施免受网络攻击有十分重要的帮助，对于国家安全至关重要。大模型能够分析大量的网络流量数据，识别出潜在的可疑行为，实时监测网络中的潜在威胁，为网络攻防提供了全新的维度和视角。

第八节　量子信息

近年来，量子信息在理论、实验和应用领域都取得重要突破。

量子通信在一定程度上已经实现了商业应用并具有广阔的市场应用前景，如我国正在大力推进量子通信设施建设，2016 年 8 月 16 日，发射全球首颗量子实验通信卫星"墨子号"，2017 年 8 月 10 日，"墨子号"在国际上首次成功实现从卫星到地面的量子密钥分发和从地面到卫星的量子隐形传态；2017 年 3 月，阿里云公布首个云上量子加密通信案例；网商银行采用量子技术在专有云上完成了量子加密通信试点；2017 年 5 月，中国成功制造出运算速度是国际同类实验 2.4 万倍的量子计算机；2017 年 8 月 30 日，国家量子保密通信"京沪干线"通过总体技术验收；2017 年 9 月 29 日，中国科学院与奥地利科学院的科学家通过量子保密"京沪干线"和"墨子号"卫星构成的天地链路，成功实现世界首次洲际量子保密视频通话。2023 年，中国科学技术大学宣布实现了光纤中 1000km 点对点远距离量子密钥分发，创下了无中继分发距离的世界纪录。专家预测：2030 年，星地一体的广域量子通信网络可投入应用，量子特性在信息领域有着独特的功能，在提高运算速度、确保信息安全、增大信息容量和提高检测精度等方面有望突破现有经典信息系统的极限。

一、量子信息的概念

量子（Quantum）一词最早是 M.普朗克在 1900 年提出来的，来源于拉丁语 quantus（意思为"有多少"，代表"相当数量的某物质"）。在微观物理世界常用到量子的概念，指一个不可分割的基本个体。例如，"能量子"（量子）是能量的最小单位，"光量子"（光子）是光的最小单位。也就是说，一个物理量如果存在最小的不可分割的基本单位，则这个物理量是量子化的，并把最小单位称为量子。"量子化"是指其物理量数值变化的最小份额只能是量子，而不是连续变化的任意值。

量子态是指一种稳恒的微观粒子运动状态。电子做稳恒的运动，具有完全确定的能量，这种稳恒的运动状态就称为量子态。量子态是由一组量子数表征，这组量子数的数目等于粒子的自由度数。

量子信息是量子物理与信息技术相结合发展起来的新型技术。是利用量子比特作为信息的传输、处理和存储单位，具有高速、高精度、高安全等优势，是信息技术革命的核心驱动力之一。主要包括量子计算和量子通信技术。量子信息技术在网络信息体系中的应用主要体现在军事信息系统、军事隐蔽通信、军事信息对抗及对潜通信等领域，可提高军事隐蔽通信能力、对潜通信能力、军事信息对抗能力，从而提升军事信息系统建设效能。

二、量子信息的原理

量子特性在信息领域有着独特的功能，在提高运算速度、确保信息安全、增大信息容量和提高检测精度等方面有望突破现有经典信息系统的极限。量子信息技术的基本原理主要包括量子纠缠、量子不可克隆定理、测不准原理等。

（1）量子纠缠，是指对于在空间中处于两个不同位置的粒子 1、2，由于粒子 1 和粒子 2 之间的量子关联使得它们之间的纠缠态表现得类似于纯态之间的一种混合状态。没有一种测量能够在不破坏该混合态的情况下获得其中一个粒子的确定状态，也就是说，如果在某个时刻对处于纠缠态的一个粒子进行了一次测量，由于非定域性量子关联，另外一个粒子就会立刻产生相应的变化，坍缩到另外一个量子态。

（2）量子不可克隆定理，是量子密码通信系统安全性得以保证的理论基础，是指由于叠加态的原理以及量子系统幺正变换的基本原理，使得量子系统不可能对未知量子态进行复制（即克隆）。在实际的量子通信系统中，外部的窃听者无法通过复制方式来准确获得系统所传输的秘密信息，从而很好地保证了通信系统的安全性和可靠性。

（3）测不准原理，又叫不确定性原理，是量子力学中重要的基本性质之一。1927 年海森堡提出该原理的基本模型，也称为海森堡测不准原理。它表明无法同时精确测量量子的动量和位置，其中一个物理量确定性越高，另外一个物理量的不确定性就越大。也就是说，要测定一个量子的精确位置时，需要用波长尽量短的波，而这样会对这个量子产生越大的扰动，使得对它速度的测量就越不准确。

量子计算的基本原理主要建立在量子的重叠与牵连原理基础之上，普通计算机中的 2 位寄存器在某一时间仅能存储 4 个二进制数（00、01、10、11）中的一个，而量子计算机中的 2 位量子位寄存器可同时存储这四个数，因为每一个量子比特可表示两个值。如果有更多量子比特的话，其存储能力和计算能力就呈指数级提高。

三、量子信息的应用

量子信息技术是量子物理与信息技术相结合发展起来的新学科，主要包括量子通信技术和量子计算技术两个领域。量子信息技术在网络信息体系中的应用主要体现在军事信息系统、军事隐蔽通信、军事信息对抗及对潜通信等领域。

一是提高军事信息系统建设效能，需加大量子计算技术的开发与应用。军事信息系统需要大容量存储、高速率传输处理及按需共享能力，量子技术的计算能力与信息存储能力是经典计算无法比拟的，能满足军事信息系统高效指挥控制、信息综合分析处理及决策等方面的特殊要求。在实际应用的最初阶段，只需将经典计算及存储设备更新为量子计算与量子存储设备，便可实现应用与服务的迁移，有效提升军事信息系统的指挥控制能力。

二是提高军事隐蔽通信能力，需加大量子保密通信的开发与应用。军事通信隐身的关键之一是要降低电磁辐射，而经典通信都要依靠电磁波来传输信号，特别是远程无线通信需要辐射很强的电磁波。即便是激光通信，也有光波辐射，这就破坏了通信隐身条件。但量子通信无电磁波辐射、无强光波辐射，这就为通信隐身提供了"电磁静默"环境，敌方无从知晓是否在通信以及通信者的位置，使军事通信真正实现了隐蔽。量子通信系统主要包括量子信源、量子编码器、量子调制器、量子测量装置、量子传输信道、辅助信道、量子解调器、量子译码器和量子信宿等部分。其中，量子信源是量子信息（表现形式为量子态）产生器；量子信宿用于接收量子信息；量子编码负责将量子信息转换成量子比特；量子解码负责将量子信息比特转换成信息。信道分成量子传输信道与辅助信道两部分，量子传输信道传输量子信息，辅助信道是除量子传输信道和测量信道之外的附加信道（如经典信道）。量子噪声是通信环境对量子信号产生的影响的等效描述。目前，在量子通信系统的实际应用中，一般采用"量子信道+辅助经典信道"的方式完成非理想的量子密钥分发或量子密码通信。在经典信道辅助下，通信双方利用量子信道实现量子信息的交互和同步，获取量子密钥。

三是提高军事信息对抗能力，需加强量子加密技术的开发与应用。由于量子密码具有窃听可知性，而且量子加密设备可与现在的光纤通信设备融合，制成目前光纤通信的换代端机，用以改进目前军用光网信息传输保密性，从而提高信息保护能力。绝对安全的密码也需要有安全的传输手段来保证其传输的安全，量子通信时敌方难以截获和破坏我方密码，从而确保了信息传输的安全。同时，量子通信是一种不同于传统"波"通信的新概念通信，与其他传统通信技术相比，在对潜通信上，量子通信获得可靠通信所需的信噪比比其他通信手段要低 30～40dB，这一点使得采用经典光子流通信方式不能进行通信的深海，采用量子通信能够有效突破海水障碍，实现可靠的深海信息传输。

第六章　军队网络安全和信息化体系推进措施

军队网信建设涉及领域广、涵盖要素多、科技含量高、协同难度大，是一项具有创新性、体系性特点的复杂工程，需要新的措施聚力推动。应充分发挥新的领导管理体制优势，转变思维理念、强化创新驱动、优化建设模式、推动一体发展、加快自主可控、深化军地结合，以务实举措，布局开新，强力推进网络安全和信息化体系构建。

第一节　转变思维理念

恩格斯说过，思维是"地球上最美的花朵"。思维是人类认识活动的高级形式。思维方式科学与否，不仅反映了对事物本质和发展规律的认识程度，而且决定着实际工作的成效，甚至决定着事业的兴衰成败。网络安全和信息化体系是具有军队特色的创新体系，没有成熟模式可循，需要我们以创新思维理念去变革、去实现。

一、树立科技思维理念

科技是军事发展中最活跃、最具革命性的因素，每一次重大科技进步和创新都会引起战争形态、作战方式和军事理论的深刻变革。构建网络安全和信息化体系，首要的是树立科技思维。科技思维是指人们在生产、生活等实践活动中，运用科学知识、科学方法和科学精神，对科技活动本质和规律做出的能动反应。从本质上讲，科技思维不仅体现在对科技的崇尚、对科技的敬畏，而且最为重要的是体现在善于运用现代科技知识、方法、工具，去认识、判断和解决问题。

（一）树立科技思维，需强化科技学习

现代战争呈现的精确制胜、非对称制胜、体系制胜、融合制胜、算法制胜等制胜机理，其本质上是科技进步所带来的革命性变化。当前武器装备机械化、信息化和智能化发展取得长足进步，大数据、云计算、量子通信、人工智能等技术被广泛应用，集成化、小型化、无人化和多功能化成为武器装备发展的潮流趋势，网络安全和信息化体系建设管理与作战运用人员只有学好前沿科技知识，了解基础学科、交叉学科和边缘学科理论，不断拓展科技视野、提升科技素养，才能深刻弄清网络安全和信息化体系运行机理，把握网络安全和信息化体系发展脉络，理解网络安全和信息化体系主体技术，逐步形成依靠科技找出问题、利用科技剖析问题、运用科技解决问题的思维理念。

（二）树立科技思维，需实践探索激发

实践出真知。科技思维源于实践、引领实践。要通过参与科研实践，提高对科技的感性认识，并掌握模拟仿真、数理分析、计算对比等实验论证方法，累积科研能力。在作战指挥上，要摒弃粗略、粗放习惯，发挥信息化智能化工具赋能作用，把精算、深算、细算的理念贯彻到作战筹划、指挥控制、作战保障的全过程，做到精确指挥、精确保障、精确制胜；在武器装备建设上，要紧盯作战需求

和前沿技术发展动向，谋求运用最新技术成果提高武器装备质量；在新型作战力量建设上，要着眼推进机械化信息化智能化融合发展，优选方向和重点，研究无人机、网络空间等作战力量建设模式；在建设管理上，要探索运用数字化、网络化、服务化、智能化手段，改变传统的工作模式、运行机制和业务流程，实现资源的最佳配置。

（三）树立科技思维，需大胆假想试错

大胆假想是科技创新的源点，也是推动科技应用的动力。科技的每一次进步，往往来源于奇思妙想，甚至是奇谈怪论。如中国科技大学的曹原，排除各种学界的质疑和嘲讽，另辟蹊径运用石墨烯实现超导，从而破解困扰物理学界 100 多年的世界难题。网络安全和信息化体系是科技密集型领域，不仅需要我们大胆创新，突破关键技术，而且还需要大胆假想科技应用场景。大胆假想意味着不画地为牢，不迷信学术权威，不盲从既有学说。21 世纪以来，之所以出现诸如作战云、蜂群战、极地战、人脑战、认知战、多域战、马赛克战、电磁脉冲闪击战等新概念，都是跳出传统思维局限，对其背后信息时代主体技术发展运用的大胆假想。而这些假想的出现，反过来又进一步催化了技术的发展。因此，我们应综合把握5G、云计算、大数据、人工智能等技术的交叉融合，对未来网络安全和信息化体系架构演进、建设管理和作战运用进行大胆假想，引领网络安全和信息化体系创新发展。

二、升级体系思维理念

运用体系思维，全面、整体和系统地认识、理解、把握网络安全和信息化体系，是网络安全和信息化体系创新发展的内在要求。

体系思维源于系统思维，但又高于系统思维，是系统思维的升

级。系统思维，讲究事物的整体与部分、结构与功能之间的关系。它要求从整体上把握事物，将事物视为一个系统，同时又重视各个部分、要素之间的关系。而体系思维则在系统思维的基础上，更加强调体系内各系统之间的相互联系、融合和涌现。体系思维主要表现为整体性、结构性、立体性、关联性、动态性等特征，这要求我们既要从整体结构上，又要从纵向层次和横向要素的耦合、时间和空间的统一维度上，还要从内部诸系统、要素信息交互和相互作用关系上认识和把握网络安全和信息化体系。

网络安全和信息化体系构成要素的复杂性、系统之间的关联性、能力集成的涌现性、动态演进的开放性，决定了其建设的难度很大。从目前军队网络安全和信息化体系建设的情况看，已经暴露出体系不畅、体系不融、体系不紧等问题。这些问题不解决，将极大限制体系效能的发挥。网络安全和信息化体系建设，必须秉承体系思维，强调从体系视角来审视各要素，用体系方法来推进体系设计，以体系融入度来衡量体系标准，把体系效能最优作为体系运用准则，统筹好军队地方资源，统筹好软件硬件建设，统筹好虚体实体对接，统筹好建训用管保，统筹好人员、装备、物资、设施、机构和环境等工作。

（一）树立体系思维，要有全局的观念

融入不了体系的建设，投入的越多带来的问题越多，后期耗费在治理上的精力越多。必须以提高战斗力为根本出发点、落脚点，跳出军种、部门、单位利益狭隘，站在全军角度，通观全局、谋划全局、服务全局，整体谋划网络安全和信息化体系建设发展目标、发展阶段和实现途径等重大问题，不断提高跨领域、跨部门、跨近中远期、跨军地整合力量和运筹资源的实际能力，切实加强各类建设资源和各项建设措施的集中统管，促进网络安全和信息化体系内

各系统要素同频共振、整体联动，最大限度地实现和发挥体系建设效益。

（二）树立体系思维，要掌握认知方法

网络安全和信息化体系是一个复杂事物，正如一个多面体，从不同维度观察，往往会呈现不同的面貌。在系统工程领域，运用多视图体系结构理论，从不同视角描述一个复杂体系。多视图方法的生命力在于，它从不同的视角入手，融合形成一组描绘复杂事物特征、要素和组成关系的视图，形成一个统一的构建该事物的"工程蓝图"，为各类人员提供一个能相互理解的共同语言环境，架起不同人员之间的沟通桥梁。网络安全和信息化体系构建，至少要从三个视角看：作战视角，要描绘清楚网络安全和信息化体系对作战的支撑作用，以及联合作战中网络安全和信息化体系的组织运用方式，这是认知网络安全和信息化体系的逻辑起点，它对网络安全和信息化体系的系统构成起着牵引作用；系统视角，要描绘清楚网络安全和信息化体系的基本构成，以及构成系统应该具备的核心功能，这是网络安全和信息化体系从作战概念设计，再映射到建设实践的关键环节，它对网络安全和信息化体系的建设起着重要的指导作用；技术视角，要描绘清楚网络安全和信息化体系建设涉及的关键技术，以及其对技术的开放兼容特性，这是网络安全和信息化体系建设所必须具备的技术手段和实现途径。

（三）树立体系思维，要对服务化认同

服务化是目前各类系统的发展趋势，主要是解除对资源的独占，实现解耦，并通过提供服务的方式与其他要素、单元、力量进行交互，生成业务能力和作战能力。服务化强调以用户为中心，不再突出对资源的占有，而是注重利用资源生成产品并提供相关服

务。服务化从工程技术领域逐步渗透到各行各业，已成为消除"烟囱"、打通关节、形成体系的重要途径。网络安全和信息化体系建设中，要强化对服务化的认同，建立服务化的组织架构，摆脱对资源独占的过度依赖，形成端到端的服务机制，确保体系链路贯通、无缝衔接、运转顺畅、协调配合。

三、培育创新思维理念

创新是引领发展的第一动力。惟创新者进，惟创新者强，惟创新者胜。网络安全和信息化体系建设是一个破难局、解困局、开新局的创新过程，需要我们以新的理念、新的视野、新的方法、新的标准强力推进。创新思维作为思维活动的最高形式，是以理性思维为灵魂，以发散思维、联想思维、逆向思维和形象思维为翅膀，具有不可模仿性和不可复制性。网络安全和信息化体系中培育创新思维，既要以网络安全和信息化体系发展实践为基础进行新的要素、能力、单元的创造，又要以问题为导向不断自我否定而剔除对体系产生不利的因素，也要综合运用分析与综合、归纳与演绎、历史与逻辑、抽象与具体的结合等辩证方法，谋划网络安全和信息化体系的演进升级。

（一）培育创新思维，需解放思想合作共赢

要树立"革新意识"，开拓发展新局面。用复杂系统、网络科学、数字空间、人工智能等新的理念、新的视野、新的方法，来推动网络安全和信息化体系发展走上迭代演进的轨道。要树立"高地意识"，抢占战略制高点。针对太空、网络、人工智能、水下等新的军事斗争领域，尽早布局颠覆性技术和前沿交叉技术，抢占科技革命和军事竞争的战略制高点，推动网络安全和信息化体系建设的

实战化水平走在世界前列。要树立"众创意识"，引领官兵创新热潮。在当前社会经济领域倡导"大众创业，万众创新"的时代背景下，广开言路，畅通渠道，兼听包容，引领官兵投身到网络安全和信息化体系设计、构建和运用的创新大潮中，造就一批世界水平的科学家、科技领军人才、卓越工程师、高端作战指挥人员。

（二）培育创新思维，需突破常规大胆质疑

科技工作者要树立敢于创造的雄心壮志，敢于提出新理论、开辟新领域、探索新路径，在独创独有上下功夫。网络安全和信息化体系是全新的作战体系，也是一个创新体系，无论是建设管理还是作战运用，都是在走别人没有走过的路，做前人没有做过的事，难免荆棘丛生、困难重重。为破解网络安全和信息化体系建设难题，推进网络安全和信息化体系创新发展，迫切需要我们具备创造性思辨的能力。首先，要打破惯性思维。"拔足再濯，已非前水。"不能用过去的思维去理解新生事物，要用最新最勇敢的头脑，去想别人没有想到的东西，勇于冲破思想观念的束缚，敢于打破条条框框的限制，去创新网络安全和信息化体系建设运用。其次，要敢于质疑权威。尊重权威、向权威学习，是提高创新思维能力的必要途径。但是，即使是权威的结论，也不都是真理，也可被修改、突破，甚至否定。我们要有敢于怀疑一切和较真碰硬的执着精神。既大胆质疑，又小心求证，通过怀疑和较真，成为网络安全和信息化体系建设运用的"突破者和超越者"。

（三）培育创新思维，需适应变化敏捷创新

思路决定出路，理念决定行为。网络安全和信息化体系技术迭代加快，系统复杂动态演进的特性，也决定了我们要秉持敏捷创新和迭代发展理念，能灵活和迅速地实现需求、技术、资源的结合，

并适应需求与技术潜力的动态和突然变化。培育敏捷创新和迭代发展理念关键是"滚动式"设计,就是在网络安全和信息化体系建设的规划中就设置多个时间性和进程性评估节点,在建设推进中,充分利用战争、非战争军事实践和逼真实验环境下的军事演习等,不断对建设规划的原则、计划、方法和资源等进行全方位的实时评估,优先开发能满足部队最低作战需求的基本装备,随着技术成熟度的提高,并综合部队作战、演习和试验中反馈的各种使用信息,对系统装备不断进行升级改进,实现体系建设的螺旋式发展。敏捷适变的优势是随时监管建设进展情况,做出必要的资源调整,尽量避免小失误的放大,降低体系演进的成本。

第二节 强化创新驱动

推进网络安全和信息化体系建设,必须把创新作为核心驱动力,紧紧扭住顶层架构迭代演进、作战场景创新设计、技术应用试验验证等对网络安全和信息化体系建设具有全局性和决定性影响的问题,促使网络安全和信息化体系又好又快发展。

一、创新完善军队网信工作统筹模式

新的军队网信领导体制建立并运行,标志着军队网信建设进入新阶段,为进一步加强网信工作集中统一领导,强力推动军队信息化建设跨越发展提供了组织保障。新体制下,网络安全和信息化体系建设,需要按照衔接"战"与"建"、统筹"总"与"分"的建设指导规律,进一步优化管理思路、突出统筹重点、健全统筹机制,着力解决好源头上顶层上的问题、基础性关键性的问题、跨领域跨部门的问题,通过科学高效的统筹管理建强体系、促进联合、提升效益。

（一）体系统筹

体系统筹就是紧紧围绕构建新型联合作战体系，遵循信息化全域渗透、跨域融合的内在要求，统筹推进网络、系统、数据、安全一体建设，侦控打保评一体集成，人机物一体融合，探索形成战建统筹、跨域统筹、军地统筹的良好格局。做好体系统筹主要分为以下方面：

（1）以总体架构设计为总纲。网络安全和信息化体系建设发展，必须把体系架构设计工作抓起来，避免再次走入"树烟囱—推烟囱—再树烟囱"反复折腾的路子上。要运用体系思维、体系方法、体系工程，坚持以战领建、抓建为战，对网络安全和信息化体系进行整体描述，重点关注体系要素组成、结构关系和主要功能，保证从事作战指挥、规划计划、建设管理、系统设计、技术研发、系统维护的各类人员对体系结构有一致的理解。

（2）以法规标准制定为支撑。要以国家和军队法律法规及顶层设计规划为依据，加快制定网络、数据、系统、安全、人才等配套法规标准，建立和完善指向网络安全和信息化体系构建运用和战斗力生成的技术体制，形成及时更新和迭代升级的标准化技术体系。

（3）以重大项目统筹为抓手。主要是对网络安全和信息化体系建设过程中关于重大项目选定，以及重大项目建设推进过程中的作战需求、预期效益、战斗力效应、规划计划、经费投入、资源协调、实践推进、里程碑式成果和验证评估等，进行全流程、全系统、全方位的统筹管理。要统筹好各战略方向网络安全和信息化体系建设，按需构建、各有侧重，保持弹性；统筹好陆海空天电各战场空间建设，全盘考虑、统筹安排、内引外联，利用长板的辐射效应弥补短板的不足；统筹好本土与海外建设，加大远海远域信息保障系统手段预置，确保军队作战能力由覆盖本土向覆盖海外拓展。

（二）技术抓总

干科学的事业就要由科学家用科学的方法来干。网络安全和信息化体系建设发展是一项技术密集、人才密集、资源密集的巨大工程，必须发挥行业顶尖专业人才聪明才智，为各级决策者提供最佳的思路、策略、方法。此次改革，体现了"让专业的人做专业的事""把专业的事做到极致"的精神，主要通过技术抓总模式，提升网络安全和信息化体系建设质量效益。技术抓总体现在实施科学决策、立项审核、检查评估等方面。科学决策方面，集技术专家、战略专家和管理专家于一体的机构，要利用好其身后的相关科研组织或团队，再加上高端论坛、联席会议、委员会会议等相关交流平台，形成"专家+专家团队"的决策支持团队，形成以"科学家+指挥员""咨询机构+决策机构"为特征的网络安全和信息化体系决策模式，促进提高网络安全和信息化体系决策的科学水平。技术抓总方面的作用主要体现在三个方面：

（1）科学设计，主要是网络安全和信息化体系的作战概念开发、体系架构设计、技术路线选择、法规标准拟制、风险管控等；

（2）立项审核，主要是审核项目的必要性、可行性、技术指标先进性、体系融入情况、战斗力贡献情况等；

（3）检查评估，主要从体系融合度、体系通达率、体系敏捷性、体系增效比、体系释能力、体系安全性等方面进行，并给出客观公正的评价结论，供决策者参考。

（三）分工协同

当前，"决策—计划—执行—监督"业务管理线已经明晰，现阶段重点是明确职责，分工协同、各负其责，聚合力量资源，推动各项工作和建设落地见效。具体如下：

（1）厘清职责。与地方市场主体强调的"法无禁止即可为"不同，军队往往更注重"法无授权不可为"。网络安全和信息化体系涉及范围广、涵盖领域多、建设内容多，如果在分解职能的过程中考虑不周，就有可能造成挂一漏万。对此，应从网络安全和信息化体系建设全要素全流程着手，围绕组织体制、武器装备、人员队伍、基础设施、条令法规、综合保障、政策制度等方面，厘清各层级、各部门相关职责，理顺顶层设计、建设实施、组织运用等工作界面，明确到单位甚至到"个人"，形成各负其责为体系的良性局面。

（2）建立机制。网络安全和信息化体系的融合渗透性强，工作职责很难区分得一清二楚，需要完善需求提报、规划计划、组织指导、项目审核、执行评估等机制，强化机制牵引、导向和规范作用，使业务工作精细化，消除组织内部的职能"交叉"和岗位"重叠"。同时，发挥政策法规、标准规范等杠杆作用，形成政策引领、资源引导、步调统一的协同发展合力。

（3）培育文化。建立协同文化，形成利益、责任、命运共同体，也是推动网络安全和信息化体系建设发展的关键之举。在保持各军兵种的文化特色的同时，塑造"我为人人、人人为我"的网络安全和信息化体系建设协同文化，用协同文化消除各军兵种、各领域、各部门的文化隔阂，使各单位形成强烈的协同意识，深厚的协同情感和高度的协同自觉，从根本上把不同单位、系统、领域融合成一个整体，产生巨大的网络安全和信息化体系建设协同效应。

二、网信总体架构迭代演进

网信自身的复杂巨系统属性决定了其处于持续演进状态中，战略形势、能力需求、关键技术等会随着时间推移而变化，相关体系设计理论、方法、工具等也会不断完善，要求网信总体架构不能一成不变，必须要与时俱进、迭代完善、动态演进。

（一）充分认识总体架构迭代论证地位作用

（1）有助于适应使命任务要求。使命和环境是体系工程的输入。随着国家安全威胁在动态变化，军队的职能任务相应发生变化，网信的使命也应随之改变。使命是网信所有成员各自行为形成整体涌现所期望的整体目标，需要在体系结构与成员交互设计的前提下实现整体的涌现，通过整体涌现行为实现体系使命。网信总体架构只有迭代论证，才能与其使命变化保持同步，加入新的系统成员，淘汰原有的系统成员，从而驱动演化升级。

（2）有助于保持总体架构持续迭代。网信总体架构迭代论证，就是通过对网信需求分析、设计和验证的循环，持续更新形成体系总体架构的最优设计方案，始终与军事需求、使命任务、能力要求保持一致。当前，持续转化军队架构设计的最新成果，与军事需求的新变化保持一致。

（3）有助于规避建设风险。迭代方法通常应用于不确定性很强的工作。如果采用预定义过程控制的方式，花费大量时间设计的方案计划，在实施过程中会发现实际与规划设计截然不同，将导致建设延期、超支或只能推倒重来。美国加利福尼亚州 2008 年规划的高铁项目就是一个典型的例子，该项目从开始的 60 亿美元预算猛增到 770 亿美元，通车时间也一再推迟。网信是一个复杂有机整体，不确定性很强，在建设发展过程中有很多不可预见的变化，没有现成的方法参考。因此，其体系架构设计必须要通过迭代论证的方式，根据军事需求和技术成熟度选择最小必要程度的投入，滚动形成相对最优的总体架构，从而大大减少成本超支、时间延期及技术风险。

（二）准确把握总体架构迭代论证内容形式

网信总体架构迭代论证，应基于军队使命任务，坚持对标世界一流、聚焦实战问题、前瞻科技发展，深入分析不同时期的使命任务、军事需求、基本架构、目标途径和推进策略。

（1）准确把握战略需求与总体要求。要深刻理解特定时期网信建设的历史方位和核心逻辑，深入分析国防和军队建设、现代战争制胜机理形态演变、科学技术发展的要求与影响，准确提出网信总体架构迭代的战略需求与总体要求，为总体架构迭代论证提供基本依据，确保迭代论证始终保持正确的方向。

（2）科学设计基本架构。依据战略需求与总体要求，运用体系工程最新理论、方法和工具，围绕基础支撑、资源、网络、服务、能力等研究设计军队网信总体架构，同步形成各类体系架构，以便规范和指导网信建设和组织运用。

（3）合理确定发展目标和实现途径。为保证网信按照总体架构如期建成，应采取定性与定量相结合的方式、区分不同阶段，确定网信发展的各阶段总目标，以及总体架构各组成部分的分目标和具体指标。在此基础上，着眼实现建设发展目标，论证形成实现途径和推进策略。

（三）高度重视总体架构迭代论证工作组织

网信顶层架构迭代论证，应按照上下联动、横向协调、作战技术工程等各领域密切配合的原则，形成专家牵头、机关指导、部队以及相关单位参加的工作组织体系。

（1）集中统一组织。在全军网络安全和信息化工作框架下，汇聚机关、部队和军内外科研力量，通过专题研讨、调研座谈等方式，开展网信总体架构迭代论证。

（2）分工协作论证。按照网信构成和总体架构迭代论证流程，区分专业领域和专业特长、区分作战与技术形成总体论证组和各业务领域论证组，针对能力需求、技术架构、信任体系与安全保密架构等重大问题分工协作开展联动论证攻关，形成网信总体架构迭代论证专项成果和总体论证成果。

（3）广泛评议对接。围绕提高网信总体架构迭代论证成果科学性和质量效益，发挥专家的智库作用，采取问计于专家的开门论证方式。研究层面，大范围组织军地院士专家进行评议；工作层面，征求军队机关和大单位相关部门意见，构建完善权威的网信总体架构，统一全军思想，引领网信建设。

三、网信技术应用试验验证

网信技术应用试验验证，要以军事需求为牵引，按照"概念开发—设计场景—试验验证"的思路，揭示前沿技术的作战效果，在正式研制新型武器装备之前，深入了解和全面评估其在网信中的军事效用，缩短先进技术走向战场的路径和时间。

（一）先进技术作战概念开发

先进技术作战概念开发，就是选取具有军事应用潜力的早期技术想法、前沿交叉技术，甚至是颠覆性技术进行研发和实验验证，培育对网信具有关键支撑作用的创新技术，以适应网信在新型作战力量、作战能力和作战样式的需要。

（1）加强先进技术概念开发组织管理。在军委相关业务部门的指导下，组建网信先进技术科研单位，专门负责网信所需的前沿技术开发、颠覆性技术预研储备、商用技术的转化应用，推动各类技术研发和试验验证；建立军事需求与技术开发、技术成果与装备应用之间的桥梁，构建战区、军种、创新企业、科研机构的共同交流平台；通过军队计划、自主提出、公开倡议等途径，快速响应网信先进科技创新需求。

（2）实施先进技术概念项目推动。通过项目立项或签订合同方式，围绕基础研究、应用研究和先期技术开发实施技术概念开发。基础研究旨在面向网信未来发展，探索新概念、新原理、新方法，应重点围绕量子通信、脑科学、数字孪生等，为网信的未来发展做好预先技术储备。应用研究旨在探索具有潜在应用价值的技术成果在军事应用方面的技术可行性，应重点围绕人工智能等前沿交叉技术，开展智能指挥控制、人机协同、无人蜂群等技术作战概念开发。先期技术开发旨在通过实物试验和演示，验证技术成果在装备研制中的可行性和实用性，应重点围绕物联网、云计算、大数据、5G等技术向装备应用转化进行研究。

（3）完善先进技术概念成果转化机制。要将技术成果转化贯穿于项目始终，制定转化计划，建立定期会商等协调联络机制，密切与相关部门的联系。完善科技创新快速响应小组职能，响应国防科技前沿创新需求。组织面向军方、面向战场、面向前沿的概念技术展示活动，创建军队、企业、机构和科研基金会等共同交流平台。

（二）先进技术作战场景设计

在先进技术作战概念开发的基础上，选取具有巨大应用潜力和推动作用的技术，设计贴近实战的先进技术作战场景，为进行试验验证奠定基础。通过先进技术作战场景的设计，可以更加明确作战对先进技术的具体需求，加快先进技术的作战应用进程。网信先进技术作战场景设计，应细化作战场景设计，明确作战行动，从而检验优化先进技术。

（1）设计典型场景。根据先进技术验证的目的和预期用途，合理设计典型应用场景，明确技术验证的主题，准确验证技术概念、技术性能、装备效能，为开展后续研究提供依据。

（2）设计复杂场景。模拟复杂电磁环境、网络环境乃至核心生化战场环境，设计贴近实战的作战场景，检验先进技术适应未来复杂战场环境的真实性能。

（3）设计对抗场景。通过设置潜在对手的电子攻击、网络攻击等条件，有效揭示新技术项目的作战效果，在正式研制新型武器装备之前，深入评估相关技术潜在的军事效用。

（三）先进技术作战应用验证

战场是先进技术应用的最终场所，也是验证先进技术的最好的场所。先进技术作战应用验证，就是将先进技术用于战场，通过战场进行检验验证。军队缺乏实战场景，应加强演习演训的实战化环境建设，加大极端情况、复杂环境的设置比例，通过近似实战的环境检验验证网信先进技术。

（1）利用先进技术"实验床"展开试验。基于军地一体的"试验床"，试验验证网信总体架构、技术标准规范；基于作战场景开展体系能力集成试验，着眼作战理论与网信新技术发展，不断试验验证并集成融入新体制新规则，推动试验床滚动发展。

（2）做好先进技术作战应用综合检验。依托全军组织的大型综合演习演训活动，模拟高威胁环境、多军种兵力运用、有人-无人混编等复杂作战场景，嵌入验证先进技术、系统和装备能力生成等试验验证，为先进技术进入战场积累数据、样本和场景。

（3）完善先进技术作战应用验证支撑条件。出台相应的制度规范，完善科技部门与装备部门、作战部门、军种和部队的实验机制，按照作战应用验证要求改造试验设施基地，明确作战验证经费渠道，为常态化开展先进技术作战应用验证提供强有力支撑。

第三节　优化建设模式

网络安全和信息化体系建设发展中必须坚持军事需求主导，聚力支撑备战打仗；坚持指技融合推动，指挥与技术双轮驱动、双向互动；重视实践运用反馈，以用促建、建用相长；强化战略管理，提升资源配置使用的质量效益。

一、军事需求主导

军事需求主导，就是要依据新时代军事战略方针明确的战略任务、战略方向和作战样式，确保网络安全和信息化体系建设发展向支撑备战打仗聚焦用力。这是军队网络安全和信息化体系发展的根本指向，是体现能打仗打胜仗目标要求的具体表现。

（一）推进军事需求论证工作科学化

（1）要坚持以能力为中心，根据军事战略方针牵引出军队的使命任务，为今后一个时期军队网络安全和信息化体系建设提供中长期的能力需求，围绕形成基于网络信息体系的联合作战能力、全域作战能力这一核心任务，展开军事需求论证工作，确保网络安全和信息化体系是打仗的体系。

（2）要坚持以未来为导向，站在全面建成世界一流军队的大背景下，立足把未来战争研究透，把未来战场研究透，把强敌对手研究透，创新作战理论，设计作战场景，深化作战统筹，系统描述所需能力、体系、装备，使军事需求产品既紧贴现实又面向未来，更好地牵引网络安全和信息化体系的建设发展。

（3）要坚持以打通链路为重点，打通"作战概念—作战场景—

军事需求—体系设计—体系建设"的军事需求工程化链路，以工程化方式把联合作战需求、指挥员需求解析转化为体系建设需求，有力指导各方向各领域网络安全和信息化体系建设。

（4）要坚持以技术为支撑，综合运用云计算、大数据、建模分析、模拟仿真等先进技术，研发军事需求分析、开发和管理信息系统，辅助进行军事需求论证，提高军事需求产品的科学性、权威性和实用性。

（二）提升军事需求的体系牵引作用

（1）由军事需求牵引网络安全和信息化体系总体设计。根据军事战略方针和联合作战需求，在进行国内外安全环境分析、军事威胁分析、作战能力分析、装备现状分析、需求预测分析、发展方向和发展重点分析的基础上，从有利于解决影响全局发展的"瓶颈"问题和有效提升军队整体作战能力等方面，提出网络安全和信息化体系建设总体需求、网络安全和信息化体系建设项目需求、网络安全和信息化体系技术应用需求，以及军队的主要作战方向、重点作战区域、应急作战部队的网络安全和信息化体系作战运用需求。

（2）以作战需求牵引网络安全和信息化体系能力建设。基于技术预测、战争预测，设计未来战争、构设作战场景、提炼指挥员军事需求，特别是要紧贴典型作战样式，切实将作战需求细化为网络安全和信息化体系核心能力指标，牵引体系建设。

（3）用体系能力需求牵引网络安全和信息化体系系统装备建设。要用体系作战的能力要求准确定位网络安全和信息化体系系统装备功能，科学设计战技术性能指标，加强作战效能实验评估，以战斗力贡献率和体系融合度为标准，切实为部队提供好用、管用、耐用、实用的网信系统装备。

（三）贯通军事需求的应用反馈渠道

（1）要始终坚持"从现实中来，到现实中去"的原则。注重从军队建设和军事斗争准备实践中提出需求，通过演训演习等重大战备活动论证需求，吸纳一线官兵的意见建议完善需求，使需求聚焦打赢、紧贴部队、引领网络安全和信息化体系发展。

（2）要推进形成全军统一的军事需求话语体系。不断规范军事需求的工作流程、目录清单、标准要求和专业术语，突出抓好军事需求专项业务集训，不断提高官兵军事需求专业理论素养，促进指挥员和技术人员站在同一话语体系下展开对话和沟通。

（3）要持续完善军事需求应用反馈机制。把网络安全和信息化体系系统装备建设工作同实战化运用有机对接起来，在体系运用中检验性能、发掘潜能，同时及时发现和解决运用中暴露的问题，举一反三、以用促改，提高新装备研制起点，实现研制运用的有机统一，推进形成"需求—产品—实战化运用—新的需求—新的产品"的应用反馈机制，不断提高体系建设水平与效益。

（四）挖掘军事需求的融合衔接作用

（1）抓好军地需求融合。站在国家安全和发展利益的高度，兼顾军地需求、统筹双方资源、形成有效合力，制定出科学、稳妥、可行的政策措施，建立与军地相适应的组织模式、制度安排和运作方式，促进基础设施、科技成果、信息、人才、资金等资源充分共享，实现军民优势互补、融合发展。

（2）抓好军兵种需求融合。将诸军兵种建设发展的相关需求融合成一个有机整体，在网络安全和信息化体系建设实践中统筹考虑、统筹计划、统筹组织、统筹实施，确保有限资源的优化配置和高效利用，避免出现重复投资和重复建设，避免出现联合作战"联"

不上的现象。

（3）抓好近中远需求的融合。围绕形成基于网络信息体系的联合作战能力、全域作战能力，在制定和提出网络安全和信息化体系各层次、各领域、各方面的需求目标时，充分考虑时间上的衔接性、内容上的过渡性和目标上的一致性，有力推进网络安全和信息化体系迭代升级。

二、指技融合推进

马克思主义认为，技术决定战术，战术牵引技术。在网络安全和信息化体系建设中突出指技融合推进，就是要实现军事指挥与军事科技的有机结合、相互促进和协同创新，既为军事指挥插上现代科技的"翅膀"，又为军事科技安装上军事指挥需求的"导航仪"。

（一）牢固树立指技融合推进的思维理念

关于作战体系的理解，在指挥人员和技术开发人员之间，存在着比较大的偏差，解决这一问题，必须在推进指技融合的思维理念上下功夫。

（1）指挥人员要增强科技意识，强化科技头脑，深刻理解技术因素在现代战争中的作用，增强对新技术的敏感度和理解力，积极运用科技成果支撑论证作战构想、设计未来战争，做新技术的"发烧友"。

（2）科技人员要加强与作战人员的交流合作，深化对指挥人员特别是联合指挥员需求的理解和认识，多与参谋人员、装备使用人员进行沟通交流，参与任务部队实兵实战演练，强化对作战应用场景的体验，争取成为作战应用的"明白人"。

（3）要推动科技人员进入作战指挥链、指挥人员进入科技创新链，提高从科技角度研究战争、从战争角度创新科技的能力，促进指挥和技术的融合互动，使二者产生化学倍增效应。

（二）不断丰富指技融合推进的时代内涵

（1）突出网络安全和信息化体系的技术先进性。推动资源动态调度、架构弹性重组、技术快速迭代，加强软件、硬件、数据、网络等的协同式、融合式、体系化发展，创新体系建设和更新迭代模式，使网络安全和信息化体系始终处在信息技术发展前沿。

（2）挖掘指挥与技术的双向驱动作用。以大数据、云计算、物联网、区块链、人工智能等网络安全和信息化体系关键技术为驱动，以指挥主体、指挥客体、指挥手段、指挥信息等为关键变量，运用解剖麻雀的方式，从战斗级、战术级作战场景入手，延伸至战役级、战略级作战场景，走开作战指挥可视化、场景化、可演进路子。

（3）要抓好网络安全和信息化体系智能化演进与作战指挥方式创新的结合。站在智能化战争前沿，推进网络安全和信息化体系智能化与作战指挥智能化的融合创新，在网络安全和信息化体系智能化演进中洞见未来战争形态，在认知科学原理中探索制胜机理，在智能科技研发中创新指挥方式，不断推出原始创新理论和技术成果，引领智能化指挥发展。

（三）积极探索指技融合推进的方法手段

（1）加快在网络体系作战实验中应用先进技术，构建开放兼容、沉浸体验、虚实结合、体系演进的网络安全和信息化体系作战实验环境，搭起军事人员和科研人员集智研究作战指挥问题的军事创新大平台。

（2）在网络安全和信息化建设中推开实验型、计算型、仿真型和数据密集型等科研方法，加快开发和应用数据分析、知识管理、体系工程、场景设计等系列科研工具，用先进工具塑造现代理念和科学思维，解决作战指挥中协同创新难、体系设计难、知识共享难、经验传承难等突出问题。

（3）抓好网络安全和信息化体系指技融合推进试点建设，组织指挥员和技术团队，以备战打仗重难点问题为牵引，凝练提出重大课题任务清单，实施大联合、大协作、大攻关，通过"联合会诊"开出"综合处方"，以联合攻关方式破解作战指挥重难点问题。

（4）搭建网络安全和信息化体系指技融合推进高端学术平台，搭起最前沿的技术问题与指挥问题之间的桥梁，吸引凝聚高水平学术团体和人才，鼓励引导地方科研机构、企业、智库参与，促进多领域专家交流对话、思想碰撞，以先进思想和理念引领网络安全和信息化体系指技融合深度发展。

三、实践运用反馈

坚持以用促建、建用相长，以应急应战任务为牵引，常态组织网络安全和信息化体系运用，着力解决作战理念滞后、领域集成运用难、体系能力生成慢等突出问题。

（一）突出联合作战综合运用

结合各战略方向、各作战域具体使命任务，围绕典型作战样式，构建与特定作战对手在特定区域的作战场景，设计不同作战样式的体系构建、指挥链路、典型行动方案，模块组合作战力量、作战单元和作战要素，按需高效灵敏调度作战资源、调控作战行动，形成跨域联动、即时聚优、精准释能的联合作战能力，满足遂行多样化作战任务需要。

（二）推进业务领域深化运用

基于网络安全和信息化整体建设的统一架构、统一标准、统一平台，牵引规范各领域各系统应用开发创新，刚性推进业务在线化、行为数据化、信息共享化、管理服务化，为推进以效能为核心的军事管理革命创造条件。结合军队办公和业务系统推广，推动政治工作、军事训练、人员管理、后装保障、国防动员等各类业务跨域协作，加速培育联合信息环境，广泛开展数据融合、深化运用和产品开发，推动形成"日常使用+战时响应"平战一体的全链路信息服务支撑模式，全面提升作战行动和管理活动信息保障水平。

（三）加强前沿探索检验运用

聚焦应对强敌现实行动，选取重点方向、典型任务、一线部队，组织网络安全和信息化体系试点建设和实践验证，开展作战概念开发、作战场景构设和新质作战能力效能评估，检验网络安全和信息化体系保障力量构建、保障方式创新、信息编程实践和关键技术运用等组织模式和支持效能。以作战需求为牵引，推动与网络安全和信息化体系发展紧密相关的量子通信、5G/6G、区块链、人工智能等前沿技术创新，数据驱动体系资源重组、有人–无人协同、自主作战、智能指控等关键技术运用，建立军事领域试验运用快速通道，催生网络安全和信息化体系新质支撑能力和非对称制衡能力。

（四）拓展军民一体协同运用

整合运用军队和地方现有体系验证环境、测试平台、模拟仿真手段，构建分布式一体化的网络安全和信息化体系"试验床"，开展体系架构、共用标准等验证测试。建设军地网信资源共享交换平台，加强需求对接和力量运用统筹，常态开展数据信息资源共享利用、网络安全联防联控、战场频谱联合监控等业务协同协作，深化开展军地危机应对、网络攻防、信息保障等联合演训活动，推动完善军地网络安全和信息化体系协同运行机制，提升军地一体化体系支撑保障能力。

四、强化战略管理

优化战略管理流程，突出建设针对性和费效比，健全战略管理机制，建立动态调控、专项调控、临机调控相结合的管理模式。

（一）贯通战略管理链路

抓好抓实网络安全和信息化体系建设中"需求—规划—预算—执行—评估"战略管理链路中的每个节点，切实形成全链条、全过程闭合管理。具体如下：

（1）利用需求牵引。以"提出战略构想—设计作战概念—开发军事需求"为主线，运用工程化设计战争的方式方法和工具手段，深化研究战争和作战问题，体系化形成网络安全和信息化体系作战构想、作战概念、作战方案等作战理论的系列产品，并逐层分解为具体的作战能力、装备性能和技术发展需求，为网络安全和信息化体系顶层设计提供基本的科学依据。

（2）运用规划约束。依据总体架构，统筹制定网络安全和信息化发展总体规划以及军种规划、重要领域规划、重大专项规划，充分发挥规划主导资源配置的刚性约束作用。"需求+总体架构"，即可发现短板弱项，分析短板弱项的轻重缓急，制定计划与攻关重点，有了计划与重点，才可制定预算、组织力量、安排任务。

（3）强化预算管理。加强网络安全和信息化体系规划、项目和预算的一体化管理，统筹编制中长期规划和年度计划、确定项目和预算安排，建立科学分解规划项目机制，优化经费投向和投量，优先安排与新质作战能力生成相关的重点建设项目。

（4）突出执行落实。强化网络安全和信息化体系顶层架构中的任务部署和预算的刚性约束，围绕体系项目、系统项目和要素项目，逐年编制规划执行指南，体系部署年度任务安排，建立规划落实责任体系，严格执行经费预算，用经费预算匡正规划执行方向，用经费执行情况监督任务完成状态，用经费使用效果检验各项工作质量。

（5）注重评估反馈。依托相对独立、权威的论证评估机构，或抽组形成联合论证评估机构，运用定量评估和定性评估、动态评估和静态评估等方法，对规划编制、项目论证、经费预算、项目执行等关键阶段进行督查评估；利用数据分析、兵棋推演、仿真实验、实兵对抗等手段，对作战急需、体系能力建设重大项目执行全过程和绩效进行督查评估，反馈运用评估结果，并进行针对性调控和责任追究。

（二）优化战略管理流程

围绕专业化、精细化、科学化目标，按照理清架构、明确任务、设计路径的思路，优化战略管理流程，消除战略管理链路断点、堵点。具体如下：

（1）建立矩阵架构。网络安全和信息化体系的复杂性，决定了战略管理重心应由结构设计逐步向流程设计转移。要尽快建立不同隶属关系和层级间纵横联通的协作链路，以流程穿越组织、推倒壁垒，实现体系资源按需萃取、同向聚焦、定制释能。

（2）拟制任务清单。明确网络安全和信息化体系建设运用总体任务的目的、内容、完成者、完成时间、空间范围、方法要求和资源保障，关键任务以流程主干表述，辅助任务以流程分支表述，形成规范化的完整任务清单，并把各单位的责权界面、相互关系、对接渠道等梳理明确出来。

（3）构建谱系化多维链接流程。对基于网络信息体系的作战、政工、后勤、装备、训练等领域的工作，进行谱系化设计。设计的原则应力求每一独立流程对照总体架构设计，在总体架构可以关联，对战斗力生成产生贡献，从而提高战略管理运转效率。

（三）健全战略管理机制

机制如同军队"经络"，经络通才能确保纵向指令快速传达、横向业务顺畅运行。网络安全和信息化体系建设发展是一项全局性工作，战略管理机制的建立尤为重要。具体如下：

（1）健全网络安全和信息化体系需求对接机制，规范作战场景和业务架构设计、作战概念开发、能力需求和体系解决方案论证。按照"论证—提报—审核—落实—评估—反馈"的流程开展工作，制定表述一致的标准需求描述格式，形成自下而上、由分到合的需求提报机制，并以此作为战略设计的重要依据和战略评估的基本标准，规范军事需求工作；构建集日常业务信息化支持、工作数据自动化采集、需求方案智能化评估及咨询报告规范化生成于一体的信息系统，为需求统筹提供数据化、可视化手段支持。

（2）建立网络安全和信息化体系架构审查机制，强化顶层设计成果的权威性约束力。发挥有关单位和专家的决策咨询作用，由网信领导机构组织机关、专家、咨询机构和相关人员，定时或不定时对滚动申报、在建、完工项目进行协调督察。

（3）建立新型绩效评价机制。制定绩效评价办法，从制度上解决谁来评、评什么、怎么评、结果怎么用的问题。借鉴纪检监察和训练监察制度，建立督察巡视机制，按照建用双线展开评估，突出评估反馈的纠偏功能和指标"卡尺"作用，推动体系持续发展完善。

第四节 推动一体发展

习主席有关网络安全和信息化的一系列重要论述，深刻揭示了其内在联系，是马克思主义哲学观点在信息化领域的具体运用，处理好网络安全和信息化的关系，实质就是处理好安全和发展的关系，以安全保发展、以发展促安全，实现国家核心利益的最大化。实践证明，网络安全不仅关系网信建设自身的成败，而且关系国家和军队的安危。网络安全和信息化体系建设走网信一体发展道路，关键是一体设计、一体建设、一体运用。

一、一体设计

一体设计，重点是统筹规划网络安全和网信建设发展。在网信建设中坚持协调与共进的理念，是克服过去网络安全与网信建设相割裂的建设局面，适应信息技术发展现阶段的安全与发展相统一的现实要求，是提升网络安全与网信建设一致性的必然途径。坚持协调共进，就是要统一谋划、统一部署、统一推进、统一实施，确保网络安全与网信建设目标、建设路径、建设内容等方面的统一，实现网络安全与网信建设资源的统筹安排、建设手段的统一运用和建设规划的共同设计与部署。

（一）建设目标的统一设计

建设目标的统一设计就是要在网络安全与网信建设的规划和设计阶段，将各个方面的目标和要求统一整合到一个整体的设计方案中，确保设计方案能够全面满足各项要求，达到综合性的目标。具体如下：

（1）明确目标和需求。在设计阶段，需要明确定义网络安全与网信建设的整体目标和需求，包括短期和长期目标，业务、用户、技术等需求，确保设计方案能够全面满足各项需求，并对目标进行量化，对需求进行整理、分类和优先级排序。

（2）统一设计原则。确定网络安全与网信设计的整体风格和标准，遵循指导思想和建设原则，确保设计符合相关法律法规和标准。

（3）整合各方利益。统一设计要考虑各方利益相关者的需求和利益，协调各方利益，合理分配人力、物力、财力等资源，寻求共赢的设计方案，避免各方利益冲突导致设计方案无法实施。

（4）确保可持续发展。统一设计建设目标要考虑网络安全与网信的可持续发展性，确保设计方案在长期运行和发展过程中能够持续满足各项要求和需求。

（二）建设资源的统筹安排

建设资源的统筹安排是一个关键过程，它涉及如何有效地分配、管理和利用资源，以确保网络安全与网信建设的顺利进行和目标的成功实现。具体如下：

（1）实行网信建设规划全口径布局，建立全军网信资源"一本账"。战场、装备、后勤、科技等建设规划中的网信相关项目，须经需求审核和网信建设规划统筹，去重复、补缺项、统步调后纳入相应规划渠道组织建设。

（2）实行网信年度建设计划滚动编制模式，通过计划适时调整任务、调配资源、管控进度。计划中包含对网络安全与网信建设所需的各种资源的详细分析，对现有资源的评估，资源分配计划的制定，有效的资源调度机制的建立，资源相关风险的识别、分析和应对策略的制定，资源使用情况的实时监控和评估，等等。

（三）建设手段的统一运用

（1）顶层设计和预先探索相结合。顶层设计是对网络安全与网信建设发展进行的源头性管理，是网络安全和信息化体系的起点定位，是建设管理、作战运用、发展演进的入口切入环节。网络安全与网信的建设发展还必须加强预先探索，要结合联合作战指挥体制改革和联合训练演习实践，推进各类信息系统建设成果联合用、规范用、常态用，并充分听取部队应用信息系统建设成果的反馈意见，着重解决信息系统装备需求论证不充分、体系设计不完备、装备性能不可靠等现实问题，进而推进促进信息资源积累、验证信息安全发展，扩大网络安全与网信建设成果的综合效应。

（2）体系融合和分域推进相结合。体系融合，是指在网络安全与网信建设中坚持军委管总的基本原则，用体系管理思想指导管理工作，按照体系效益推进各项建设的开展。分域推进，是指在网络安全与网信建设中实践军种主建、战区主战的管理模式，发挥军委各机关的参谋、咨询、计划的功能，让专业的人干专业的事，把专业的事干到极致，使各项工作能够高质量、高标准、高效率地落到实处，这样构成的体系才是一个高起点上的体系。体系和领域并重，一方面，利于管理工作在各种错综复杂的关系中不偏离总目标，实现网络安全和信息化体系的整体优化；另一方面，利于挖掘和激活各领域建设、参与、创新和实践的动力，更加高效地提高网络安全和信息化体系的质量效益。

（3）作战牵引和技术驱动相结合。对于网络安全和信息化体系而言，作战牵引是其建设的逻辑起点，而技术驱动则是其建设得以高质量发展的基础。作战牵引和技术驱动相结合，就是要求由军委网信领导管理机构统一组织研究论证，军委职能机关以及有关部队、院校和科研机构人员共同参与，坚持科学论证、慎重决策，指技互动、定性定量，建立严格的需求提报、审核、执行和变更制度，确保提出的网络安全与网信建设需求的实战性、先进性、可行性。同时，军委相关部门等技术和系统研发牵头单位，通过先进技术概念验证、概念系统设计开发、应用装备验证挑战等活动，加强对先进技术在网络安全与网信中的应用探索，为网络安全和信息化体系的建设发展注入技术的活力。

（四）建设规划的共同设计

建设规划的共同设计是一个协作过程，它强调网络安全与网信建设中，不同利益相关者共同参与、协商和合作，以确保规划方案能够满足各方的需求和期望。具体如下：

（1）明确共同目标。这需要与所有参与网络安全与网信建设的相关单位、部门、人员进行广泛沟通，确保所有人对规划的目标有共同的理解和认同，形成共同的设计基础。

（2）数据收集并整合。通过研讨会、问卷调查、访谈等方式，收集各方对网络安全与网信建设规划的意见和建议，并对收集到的意见进行整理和分析，识别出关键需求和利益诉求。

（3）迭代优化设计方案。根据讨论结果和各方反馈，对网络安全与网信建设规划方案进行迭代和优化，确保方案在平衡各方利益和需求的同时，能够满足网络安全和信息化体系建设的整体目标。

（4）持续沟通与监测。在网络安全与网信建设方案实施过程中，还需要保持与各方之间的持续沟通，及时解决可能出现的问题和矛盾。同时监测建设进展情况和效果，及时调整实施方案以适应变化的需求和环境。

二、一体建设

一体建设，就是要突出政策法规体系、组织管理体系、设施体系和支撑保障体系等建设。

（一）政策法规体系一体建设

政策法规体系建设，要加紧制定和完善网络安全战略规划、法律法规和标准规范，体现国家和军队意志，指导和规范网络安全技术、产品研发、产业发展。具体如下：

（1）将数据标准化作为攻坚点和突破口，对军事实体、军事知识、军事活动等进行相应的数字化改造，并加强数据资源的共享运用和融合治理。

（2）建立标准化体系审核机制，对呈报军委审批的网信项目和大单位审批的网信项目，均须进行不同方面的审查。全军已建、在建网信项目须与体系架构和标准对标对表、改进完善，全部纳入体系规范。

（3）实行网信体系筹下的各级各部门网信建设分工负责制。各部门按照主责主业原则，厘清建设权责和任务。

（4）建立完善网络安全与网信建设全过程管理机制。列入网信建设规划的重大项目，网信领导机构指派专家全程指导技术论证、审查建设标准。建立第三方专家评估团队，实施定期与动态相结合、建设进度与能力生成相结合的双线评估模式，每个规划周期开展两次建设进度评估，每年结合重大战备演训开展能力生成评估。

（5）强化各级党委抓体系建设运用的主体责任，倡导有责必担、主动协作，反对揽事不办事、揽权不担责。实行网信重大工程建设绩效终身负责制，对盲目性决策、照顾性评审、随意性实施立起红线、严肃追究。同时建立军委网信领导部门委员、专职委员牵头的联席议事制度，对于工作推进中的责任不清、矛盾分歧事项，由军委网信相关部门组织协调，必要时提请军委网信领导管理会议专题议定，祛除推诿扯皮、久拖不决。

（二）组织管理体系一体建设

组织管理体系建设，重点完善军地网络安全体系专门协调机构和工作机构，统筹协调军队、地方、民间多方力量，有效组织安全防卫、安全管控和应急处置。在中央军委统一领导下，分别从决策层面、技术层面、具体落实层面对全军网信建设进行把关和统筹协调，确立"科学家+军事家""咨询机构+决策机制"的新决策方式。有关网信领域的总体设计、规划计划、资源调配和法规标准等统筹考虑，对于重大问题则实行多方多案提报，并请专家独立咨询评议，最后由军委网信领导管理部门从中择优定案。

（三）安全设施体系一体建设

安全设施体系建设，重点是军地结合的国家信息与信息安全基础设施和防护治理威慑系统，形成覆盖陆海空天一体化的国家信息与信息安全基础设施，有效支撑全球范围的政治、经济、文化、军事活动，为网络安全和信息化体系提供安全保障；通过军地一体的防护治理威慑系统建设，实现网络安全军民协同防御、风险应急，保障网信关键部位、重要系统以及国家关键基础设施的安全，保护国家和军队战略数据资源，确保支撑网信网络空间情报获取、综合分析能力和威慑打击能力。

（四）支撑保障体系一体建设

支撑保障体系建设，要着眼军民通用，建设技术与产品保障体系，通过军民共用的人力资源保障体系建设，满足网络安全和信息化体系信息安全对高素质人才队伍的需求。加强装备、战场、人才等要素配套衔接，新建系统立项时，同步明确部署地域、运维方式和力量来源，老旧系统淘汰后，及时核减保障力量和配套设施。着力解决新兴业务领域力量缺乏问题，通过腾笼换鸟等方式，加强网信综合管理、安全防护、信息服务、维修保障、试验鉴定、舆情引导等专业队伍建设。深化网络攻防、数据分析、模型算法等预备役、民兵和专业保障队伍建设问题研究，条件成熟时组织试点。发挥人才孵化平台作用，发现培养具有体系思维和科技素养的顶尖人才。

三、一体运用

一体运用，实际就是对网络安全和信息化体系作战运用进行科学管理，弄清网络安全和信息化体系在战场上所表现出来的作战体系是什么样子，其内部运行机理是什么，并对其进行在近似实战环境下的作战实验。

（一）对网络安全和信息化体系作战运用目标状态进行描述

智能时代的到来，使网络安全和信息化体系条件下的作战体系中，各个用户终端集成了人类智能、网络智能和机器智能，甚至出现向或察或控或打"角色随时转换"的智能平台转型趋势，作战体系也因此烙上智能的"标签"，表现出能够自主适应战场环境的"智能体"形态。具体如下：

（1）总体轮廓呈现出网络在线作战环境。在网络安全和信息化体系环境中，信息设备、作战平台、物资保障和基础设施等都实现了网络在线。与此同时，可穿戴设备又支持了作战人员、指挥人员、参谋人员和后勤保障人员的网络在线化，战场上形成了"信息的在线、武器的在线、物的在线和人的在线"的网络在线作战环境。

（2）感知系统实现全域感知、智能分析、精确共享。在网络在线的作战环境中，预警机、雷达、传感器、无人侦察机等能够通过网络，对来自陆海空天电的多源感知信息进行融合、研判、展示和共享，形成对战场态势的一点发现、全网皆知，并与网络上引接的民情、社情、政治、经济等相关信息进行比对研判，从而得出对战场多域态势的整体认知。

（3）指挥系统呈现虚拟联合。由于网络安全和信息化体系计算能力的大幅提升，指挥系统中指挥员、指挥机构和指挥手段在"多算胜"上与以往大不相同，为聚焦同步、统一认知、联动筹划、协作行动奠定了坚实基础，形成一种虚拟的联合作战体。

（4）打击系统成为云化的武器池。网络安全和信息化体系中的武器装备是"钢铁+火药+芯片"的复合体，与信息基础网络、信息系统装备等紧密融合，形成联网入云的 C^4ISRK，在部署上具有分布式特点，在应用上具有集成化特点，在行动上具有适配性特点。

（5）保障系统成为可定制的服务平台。网络安全和信息化体系中，保障系统可实时动态掌握保障对象的任务变化、状态变化和环境变化等，能够辅助指挥员研判保障态势、统配保障资源、优化保障决策，按任务部队需求实施个性化、快速、精确保障。

（二）对网络安全和信息化体系作战运用内部机理进行剖析

网络安全和信息化体系的运行与机械化作战体系的大规模、高冗余、相对固定等传统运行方式相比，表现出大不相同的适度规模、低负载、灵活调配的"任务共同体"特征，这需要从其作战流程、运转主轴、力量编组和行动控制上进行具体分析。具体如下：

（1）作战流程不断提速。主要体现在网络在线的感知能力推动"从感到知"的链路大大缩短、"云+边"的计算能力推动"从情到况"的判断加快、超越层级的协作能力推动"认知到决策"的科学迅速、"指挥员—射手—平台"的直达能力推动行动的敏捷。

（2）作战体系运转敏捷适应。主要表现在各级指战员的认知要同步，才能确保行动的快速响应；各作战域作战力量、装备、资源等能快速适应多样化任务需求；作战体系各要素、单元具有很强的机动性；作战体系受损后具有很强的柔性重组、快速再生功能；作战体系具有很强的适应性，能适时处置各种突发情况；作战体系能根据形势和任务不断自主学习、自主创新。

（3）力量编组灵活自适应。网络安全和信息化体系中诸军兵种作战力量之间的关系发生质的变化，作战单元由形式组合转向功能耦合，作战编组由规模集中转向效能集中，作战体系由相对固定转向快速重构，作战力量呈现精干合成、灵敏高效、高度融合的特征。

（4）行动控制抓住即时优势窗口。对作战窗口的塑造和把握，既体现了网信信息赋能、网络聚能、体系增能的巨大作用，也体现了信息优势向决策优势和行动胜势转化的内在规律。

（三）对网络安全和信息化体系作战运用相关设计进行验证

网络安全和信息化体系作战运用的实验验证，以提升基于网络信息体系的联合作战能力、全域作战能力为目标，主要是实验指挥模式，优化指挥流程，校验作战规则，推演作战概念，确保网络信息系统能够有效支撑各类军事行动和作战任务，重点开展以下验证实验：

（1）联合作战体系验证实验，包括联合战场认知概念演示实验、联合任务规划探索性实验和跨网跨域数据安全保密交换演示验证实验等。

（2）分域作战体系验证实验，包括陆战场、海战场、空战场、天战场和网络空间战场联合作战体系验证实验。

（3）作战保障体系验证实验，包括联合作战支援保障态势、联合作战网络信息资源保障概念、演示实验。

第五节　加快自主可控

科技进步是信息化建设最本源的推动力，也是网络安全和信息化体系建设的驱动引擎。长期以来，军队通过引进、消化、吸收国外技术，有效推动了信息化武器装备、信息系统、信息资源开发利用等建设。但是，随着我国综合国力增强和地位提升，发达国家不断加大遏制打压和技术封锁，靠引进只能得到二流、三流的技术和产品，永远无法实现对主要作战对手的赶超。而且，这种引进来的"不自主"的技术和装备也极有可能带来严重的安全隐患，很可能被预置"后门"，成为致命软肋。网络安全和信息化体系是打赢信息化战争的关键，要确保其高安全性和可靠性，加强自主可控是必然选择。当前，着眼网络安全和信息化体系建设运用，重点从核心技术、研制生产、应用系统三个方面强化自主可控。

一、核心技术自主可控

核心技术实现自主可控是信息产业本身可持续发展的需要，是维护国家和国防安全的必然要求。网络安全和信息化体系集多种信息技术于一体，关键性核心技术缺失或落后，可能导致体系出现重大缺项或短板。习近平深刻指出："核心技术是我们最大的'命门'，核心技术受制于人是我们最大的隐患。……必须突破核心技术这个难题，争取在某些领域、某些方面实现'弯道超车'。" 网络安全和信息化体系建设应着眼于自主可控，按照《国家信息化发展纲要》，依托国家"核高基"工程，加大技术创新投入，加强对微电子、网络设备、系统软件、数据库等核心技术与产品的研发支持能力，从根本上扭转核心技术落后于人的局面。

（一）科学确立核心技术主攻方向

核心技术主攻方向如下：

（1）自主可控的基础软硬件技术。着力攻克核心电子器件、高端通用芯片、基础软件产品（如操作系统、数据库管理系统、软件开发中间件、各种办公软件等）关键软硬件技术，以信息技术的自主可控摆脱受制于人的被动局面。

（2）破解体系发展瓶颈的关键技术。突破包括高灵敏信息获取融合、高速率信息传输、高性能信息处理和高效能信息对抗等制约体系作战能力的瓶颈技术，以侦察预警手段、指挥信息系统、精确打击系统和综合保障系统为重点，加快发展作战平台与网络系统交链、侦控打评与高度智能结合的信息化武器装备。

（3）可能改变竞争格局的颠覆性技术。敏锐把握信息科技发展脉搏，深入探究信息科技作用机理，攻克量子信息、人工智能、区块链和生物计算机等可能改变竞争格局的颠覆性技术，争取在重大战略领域占据相对优势，为网络安全和信息化体系加速发展谋求更大的效益。

（二）全力攻克核心技术难题

（1）要坚持自主创新与开放创新结合。必须把自主创新作为突破军队信息化建设"瓶颈"、实现军队信息化安全发展的有力手段，把提高自主创新能力作为战略基点，坚持走中国特色自主创新道路，坚持自主创新、重点跨越、支撑发展、引领未来的方针。

（2）要坚持集中力量办大事。围绕亟需突破的核心技术，制定信息领域核心技术设备发展战略纲要，制定路线图、时间表、任务书，明确近期、中期、远期目标，遵循技术规律，分梯次、分门类、分阶段推进。通过集中相应人力、物力、财力，重点攻克技术难题，力争尽快见成效、出成果。

（3）要推动强强联合、协同攻关。打好核心技术研发攻坚战，不仅要把冲锋号吹起来，而且要把集合号吹起来，也就是要把最强的力量积聚起来共同干，形成协同效应。加强战略、技术、标准、市场等沟通协作，协同创新攻关。

（三）积极推动核心技术成果转化

（1）积极推动由"基础设施"向"应用系统"发展，优先解决计算机、网络、基础软件和安全防护等基础装备的自主可控问题，逐步推行应用系统的国产化，通过"典型示范"带动"关键环节"，最终实现系统核心技术以我为主的根本转变。

（2）积极推动从自主"技术突破"向自主"系统装备"转型，以网络安全和信息化体系建设为契机，及时将成熟的自主可控核心技术成果转化为现役装备，逐步建立自主化网络信息装备的系列型谱，使自主装备由"补充替代"发展为"体系支撑"，同时制定取代不可信装备的时间表，明确其使用期、并存期和退出期，形成军队网络信息系统安全发展、可控发展、可持续发展的良性循环。

二、研制生产自主可控

研制生产自主可控，是指研制生产单位要能够主导网络安全和信息化体系关键件的研制设计，掌握核心关键技术和关键部件的内部构成和细节，不存疑、可定制修改，并可依赖自身力量或国内协作实现关键件产品的生产流程完全自主可控，以及持续地改造、升级、换代，能够保证产品供货可控，在生产过程中不会出现新的安全隐患。

（一）知识产权自主可控

知识产权的自主可控是指拥有核心技术的知识产权，确保在技术创新和产品研发中不受外部控制或影响。它是实现技术自主发展的重要保障，不仅关系现有技术的运用和发展，还涉及未来技术的成长空间和自由度。这种自主可控的实现需要依靠强大的研发实力和技术积累，同时也需要完善的知识产权保护制度和法律体系。具体如下：

（1）需要加大知识产权保护力度，加强知识产权的登记、审查和维护工作，确保知识产权的合法性和有效性。

（2）需要加强知识产权的转让和许可管理，规范技术转让和许可行为，防止知识产权的流失和滥用。

（3）需要加强知识产权培训和宣传，提高全军官兵对知识产权的认识和保护意识。

（4）采用自主设计验证的算法、策略和接口协议，实现知识产权的原创性和自主可控，逐步替换国外算法和通用控制协议，支撑体系要素连接和协同的自主可控。

（二）技术能力自主可控

技术能力的自主可控是指在网络安全和信息化体系建设中的关键技术领域具备从技术研发到产业化应用的全过程能力，从而确保在技术竞争中保持独立性和优势。这就意味着要有足够规模的、能真正掌握该技术的科技队伍，包括一般技术能力、产业化能力、构建产业链能力和构建产业生态系统能力等层次。一般技术能力是指基本的研发能力、实验能力和创新能力，是实现技术能力自主可控的基础；产业化能力是指将科技成果转化为实际产品或服务的能力；构建产业链能力是指围绕核心技术，构建起包括原材料供应、零部件制造、产品集成等在内的完整产业链，用以支撑网络安全和信息化体系建设中软硬件产品的生成；构建产业生态系统能力是指通过技术创新、商业模式创新等方式，构建一个包括技术研发、产品生产、服务提供等在内的产业生态系统，实现产业的协同发展。因此，需要加大科技投入，培养高素质的网络安全和信息化科技人才，加强科技创新体系建设，加速科技成果的转化和应用。

（三）产业链供应链自主可控

当前，美国、日本、德国等世界强国由于科研创新能力较强、信息产业发达，其信息领域的产品已基本实现了研制生产的自主可控。我国在信息网络的某些领域，也实现了关键设备研制的自主可控，但由于生产工艺落后，有些领域生产还未达到这一目标。产业链供应链的自主可控就是要求从采购生产资料到制成产品，并经由销售、运输网络把产品送达终端，整个网链结构和产业生态体系都要自主可控、安全可靠，具备足够的竞争力，确保在关键核心技术、关键零部件、基础产品等供应受到断供等限制时，依然能够依靠自身实力保持国内产业链供应链稳定运行，保障国家安全和发展利益。具体如下：

（1）坚持自主可控、安全可靠，推进信息产业链供应链的优化与多元化，把关键核心技术牢牢掌握在自己手中，在重点领域形成产能备份，力争实现重要领域和关键节点的自主可控，打造以我为主的产业链供应链。

（2）针对高端芯片、基础软件等重点领域，加快补齐在先进工艺、基础零部件、关键材料等方面的短板，着力攻克关键核心技术"卡脖子"问题，提升信息产业基础高级化和产业链现代化水平。

（3）以智能化、数字化、物联网化为重点，加快推广应用新技术，加速信息产业数字化转型，确保相关产业发展始终站在全球数字产业链供应链前沿。

三、应用系统自主可控

应用系统的自主可控，是指网络安全和信息化体系产品的研发和运维过程中，能够实现核心技术和关键零部件的自主研发、生产、升级和维护，确保信息系统从硬件到软件的全程可控。

（一）研发自主可控

研发自主可控，意味着软件的研发过程是独立进行的，不依赖于外部的专有技术或受限的技术平台。研发团队需要具备完整的技术知识和能力，以便从零开始构建系统，并能够对系统进行持续的改进和优化。具体如下：

（1）掌控源代码，即对开源软件有跟进与兜底的能力，这意味着即使在如全球开源软件社区与中国脱钩的最极端的情况下，国内供应商也可以自行分叉、跟进主干功能特性并修复缺陷，长期确保软件的活性与安全性。

（2）基础软件开源内核的参与和治理，即国内供应商应积极参与全球开源软件产业供应链治理，发出自己的声音与影响力，提高国内软件公司与团队在全球顶级基础软件开源项目中的话语权。

（3）主导全球基础软件开源项目议程，即拥有具有影响力与使用价值的全球开源软件项目的发布权与否决权。

（4）培养具有全球视野与先进研发能力的技术团队，即该团队功能研发/问题解决的速度超过全球开源社区。

（二）运维自主可控

运维自主可控，是指网络安全和信息化体系中涉及的系统应该能够让用户或国家机构在没有外部帮助的情况下，独立进行系统的维护和升级，包括对系统中出现的问题进行诊断和修复，以及根据需要进行功能扩展或性能提升。具体如下：

（1）能够替代不可控的三方服务与受限制的商业软件。

（2）鼓励国内供应商基于流行的开源基础软件提供技术服务与发行版。

（3）对于具有重大使用价值的开源基础软件，鼓励学习、探索、研究与贡献。

（4）孵化培养国内开源社区，维护公平的竞争环境与健康的商业生态。

（5）实现运维管理自主可控，即能够由自己的团队进行监控、维护和管理，确保网络信息系统的稳定运行和高效性能，防止系统崩溃和被攻击。

（三）数据自主可控

数据自主可控，是指应用系统所涉及的数据能够由自己的团队进行管理和控制，确保数据的安全、可靠和完整性，防止数据泄露和被篡改。当前，数字经济是我国经济发展的新动能、新引擎，自党的十九届四中全会正式将数据列为生产要素以来，我国便加快了培育数据要素市场的步伐。而数据也是网络安全和信息化体系的血液，但诸如数据孤岛、数据安全、隐私保护等问题阻碍了数据价值的进一步释放。数据只有通过流通，才能为优化自有资源使用和分配提供支撑。而数据流通的关键在于可控。调查显示，2021 年全球数据泄露事件平均成本（损失）出现了近年来的最大增幅，从2020 年的每起 386 万美元增加到 2021 年的 424 万美元，增长 9.8%。这还不包括以合法手段获取却将数据用于非法用途等的滥用行为。因此，必须实现从数据到数据要素的转化，而这个过程被称为数据要素化。数据成为数据要素，需要具备两大前提条件：一是把原始数据加工成机器可读的生产数据。二是让数据在整个网络安全和信息化体系中流通起来，而不是手工作坊似的自有资源。而确保具备这两种条件的前提就是发展自主可控的数据要素流通技术以保证数据的使用可控。除此之外，还需进一步明晰数据责任和数据权属界定、完善数据相关定价和流通机制、提升数据安全流通技术应用能力等，彻底改善数据要素化过程中普遍存在的"不敢"流通、"不愿"流通、"不会"流通的尴尬局面。

参 考 文 献

[1] 中共中央文献编辑委员会. 习近平著作选读：第一卷[M]. 北京：人民出版社，2023.

[2] 中共中央文献编辑委员会. 习近平著作选读：第二卷[M]. 北京：人民出版社，2023.

[3] 中央网络安全和信息化委员会办公室. 习近平总书记关于网络强国的重要思想概论[M]. 北京：人民出版社，2023.

[4] 范煜. 人工智能与 ChatGPT[M]. 北京：清华大学出版社，2023.

[5] 丁磊. 生成式人工智能[M]. 北京：中信出版社，2023.

[6] 李旭芳. 信息资源管理[M]. 北京：清华大学出版社，2022.

[7] 甘友庆. 信息资源建设[M]. 北京：社会科学文献出版社，2022.

[8] 托马斯·M. 科沃，乔伊·A. 托马斯. 信息论基础[M]. 阮吉寿，张华，译. 北京：机械工业出版社，2022.

[9] 斯图尔特·罗素. 人工智能：现代方法[M]. 北京：人民邮电出版社，2022.

[10] 任景涛. 区块链：让数据产生价值[M]. 北京：中国商业出版社，2022.

[11] 金海. 区块链技术原理[M]. 北京：高等教育出版社，2022.

[12] 中共中央党史和文献研究院. 习近平关于网络强国论述摘编[M]. 北京：中央文献出版社，2021.

[13] 黄强. 陆军部队一体化指挥信息系统[M]. 北京：国防工业出版社，2021.

[14] 张立江. 网络安全[M]. 西安：西安电子科技大学出版社，2021.

[15] 陈小青. 军队网络安全和信息化建设思维研究[M]. 北京：兵器工业出版社，2021.

[16] 张维明. 指挥与控制原理[M]. 北京：电子工业出版社，2020.

[17] 林子雨. 大数据导论——数据思维、数据能力和数据伦理[M]. 北京：高等教育出版社，2020.

[18] 邱锡鹏. 神经网络与深度学习[M]. 北京：机械工业出版社，2020.

[19] 中国电子科技集团公司发展战略研究中心. 网络信息体系构建方法和探索实践[M]. 北京：电子工业出版社，2020.

[20] 刘化君. 网络安全与管理[M]. 北京：电子工业出版社，2019.

[21] 文常保. 人工神经网络理论及应用[M]. 西安：西安电子科技大学出版社，2019.

[22] 郝红. 军队信息化建设与管理[M]. 北京：国防工业出版社，2019.

[23] 习近平. 决胜全面建成小康社会 夺取新时代中国特色社会主义伟大胜利——在中国共产党第十九次全国代表大会上的报告[M]. 北京：人民出版社，2017.

[24] 吴国林. 量子技术哲学[M]. 广州：华南理工大学出版社，2016.

[25] 赵琳，孟宝宏. 军队信息化建设问题研究[M]. 北京：海潮出版社，2016.